কাঁটার রেখা
BARBED LINES

সম্পাদনায় দেবযানী চ্যাটার্জী ও রাশিদা ইসলাম
Edited by Debjani Chatterjee and Rashida Islam

বাঙ্গালী মহিলা সাহায্যকারী সংস্থা
Bengali Women's Support Group

ও

and

ইয়র্কশায়ার আর্ট সার্কাস
Yorkshire Art Circus

১৯৯০
1990

প্রকাশনায় বাঙ্গালী মহিলা সাহায্যকারী সংস্থা, ২৪৮ রেবার্ণ রোড, গ্লীড্‌লেস, শেফিল্ড এস ১৪, ১ এস ই
ইয়র্কশায়ার আর্ট সার্কাস, স্কুল লেইন, গ্লাসহটন, ক্যাস্‌লফোর্ড টেলিফোন (০৯৭৭) ৫৫০৪০১

© পাঠ্যবস্তু সংরক্ষিত বাঙ্গালী মহিলা সাহায্যকারী সংস্থা/ইয়োর্কশায়ার আর্ট সার্কাস ১৯৯০ **পুন মুদ্রণ** ১৯৯১
© প্রচ্ছদপট অঙ্কনে দেবযানী চ্যাটার্জী ও করবী ঘোষ
© প্রচ্ছদপট নকশায় আর. আই. ডি ডিজাইন
© পিছনের প্রচ্ছদপট ছবি জিল ক্লিফ
© ছবি এবং শোভাবর্ধক চিত্রে বাঙ্গালী মহিলা সাহায্যকারী সংস্থা

বাংলা হরফ প্রযোজনায় মানা পাবলিকেশনস, লেস্টার
ইংরাজী হরফ প্রযোজনায় প্রিণ্ট এসিস্ট ক্যাসল্‌ফোর্ড
মুদ্রনে এফ এম রিপ্রোগ্রাফিকস, রেভেনস্‌থর্প, ডিউস্‌বারি

আই এস বি এন ০ ৯৪৭৭৮০ ৪৬ ৭
শ্রেণী বিন্যাস: গোষ্টীগত ভাষা/এশিয়ান সাহিত্য/ মহিলা বিষয়ক

যারা আমাদের এই বই সম্পূর্ণ করতে সাহায্য ক'রেছে তাদের ধন্যবাদ: বাঙ্গালী মহিলা সাহায্যকারী সংস্থার সদস্যা ও অংশগ্রহণকারী রেইচেল ভেন রিল, রেইচেল অ্যাডম, ক্যারন বেবিয়ান এবং ব্রান লুইস (ইয়র্কশায়ার আর্ট সার্কাস)

পূর্ববর্তীকালে রেহানা চৌধুরীর কবিতা প্রকাশনার জন্য *জাগরণ* পত্রিকার প্রতি এবং **দেবযানী** চ্যাটার্জীর কবিতার বই *আই ওয়াজ দ্যাট ওম্যান* প্রকাশনার জন্য হিপোপোটোমাস্ প্রেসের প্রতি কৃতজ্ঞতা জানানো হচ্ছে।

এই বইকে সমর্থনের জন্য আমরা ইয়র্কশায়ার আর্টসকে ধন্যবাদ দিচ্ছি।

বেশীরভাগ তথ্যই এই বইতে বাঙ্গালী মহিলা সাহায্যকারী সংস্থার ওয়ার্কশপগুলো থেকে সংগ্রহ করেছি। কিছু কিছু ওয়ার্কশপ আমরা শেফিল্ড সিটি কাউনসিল্, রদারহাম্ কাউনসিল্ ও ডনকাষ্টার মেট্রপলিটন কাউন্‌সিলের সাহায্যে করতে সমর্থ হয়েছি এবং তাদের এই সাহায্যের জন্য ধন্যবাদ জ্ঞাপন ক'রছি।

Published by Bengali Women's Support Group, 248 Raeburn Road, Gleadless, Sheffield S14 1SE and
Yorkshire Art Circus, School Lane, Glasshoughton, Castleford West Yorkshire WF10 4QH. Telephone (0977) 550401

© Text Bengali Women's Support Group and Yorkshire Art Circus 1990. Reprinted 1991
© Cover illustration Debjani Chatterjee and Karabi Ghosh
Cover design by R.E.D. Design
© Photographs and illustrations Bengali Women's Support Group
© Back cover photograph Gill Cliff

Bengali typesetting by Manna Publications, Leicester
English typesetting by Print Assist, Castleford
Printed by FM Repro, Liversedge, West Yorks. Tel. (0924) 411011

ISBN 0 947780 46 7
Classification: community languages/Asian literature/women's studies

We wish to thank the contributors and other members of Bengali Women's Support Group; Rachel Adam, Karen Babayan, Olive Fowler, Brian Lewis and Rachel Van Riel of Yorkshire Art Circus

Acknowledgements are due to *Jagaran* who have previously published Rehana Chaudhury's poems and Hippopotamus Press who have published Debjani Chatterjee's poem in *I Was That Woman.*

We wish to thank Yorkshire Arts for their support towards this book.

Much of the material in this book arose from workshops organised by Bengali Women's Support Group. Some of these workshops were supported by Sheffield City Council, Rotherham Council and Doncaster Metropolitan Council and we wish to thank them for their assistance.

ছবি নিতা বসু চৌধুরী, অঙ্কপন ডরথী দাস্

Photographs by Nita Basu Chaudhury, designs by Dorothy Das

পাঠক পাঠিকাদের জন্য

দেবযানী চ্যাটার্জী ও রাশিদা ইসলাম

এই বইটি বহু নিপীড়িত কণ্ঠের ও স্বপ্নের এক সম্মিলিত সংকলন। বিভিন্ন সংস্কৃতি এবং বয়ঃক্রমের যুগ্মধারাও এই বইখানি। মিলিত সম্পাদিকতার মাধ্যমে, সকলের সাথে সহযোগিতা ক'রে বইয়ের কাজ সমাপ্ত করা, আমাদের পক্ষে এ যেন বিস্ময়কর পারিতোষিকের অভিজ্ঞতা স্বরূপ। পাঠক পাঠিকাগণ - তোমরা যেখানেই থাকোনা কেন, তোমাদের আবাহনী জানিয়ে তোমাদের কাছে পৌঁছানোর জন্য আমরা সানন্দে প্রত্যাশা কোরছি।

১৯৮৭ সালে বাঙ্গালী মহিলা সাহায্যকারী সংস্থার দ্বিপ্রাহরিক সভায় এই বইয়ের পরিকল্পনা করা হয়। নিজস্ব জায়গার অভাবে, যার সুরাহা এখনও হয়নি, দক্ষিণ ইয়র্কশায়ারের বাঙ্গালী মহিলারা মিলিত হ'ত, মা এবং শিশু সংক্রান্ত স্বেচ্ছাসেবী প্রতিষ্ঠানের নীচের তলায় এক ঘরে। বাৎসরিক মাত্র পাঁচ পাউণ্ড ভাড়ার বিনিময়ে প্রতিমাসে আমরা দূপুরে খাওয়ার সময়ে মিলিত হ'তাম। অগ্নি প্রতিষেধক আইন অগ্রাহ্য ক'রে অন্যুন বিশজন আমরা ছোট্ট অন্ধকূপে ভীড় জমিয়ে কর্মসূচীর আলোচনা কোরতাম। এভাবে হঠাৎ ধ্বনিত হ'ল "এস কিছু নূতন ও অভিনব কাজের সূচনা করা যাক।"

দোভাষী পত্রিকা হ'ল একটা পরিকল্পনা, ধারাবাহিক সৃজনী লেখনী ও কাল্পনিক চিত্র প্রদর্শনী নিয়ে ক্রমশঃ একটা দোভাষী বইয়ে রূপান্তরিত হ'ল, যা একটা কাব্য সঞ্চয়নের আকারে প্রকাশিত হ'তে পারে। নিঃসন্দেহে এই পরিকল্পনা সদস্যবৃন্দকে কল্পনাপ্রবণ করে তুল্‌লো এবং তারা আমাদের দু'জনকে একসাথে কাজের ভার নেবার জন্য আহবান জানালো, পরিকল্পনা সংগঠিত করার, প্রকাশক খোঁজার যাঁরা সমাজ সাহিত্যে সত্যিকারের বিশ্বাসী। তাছাড়া অর্থসমাগমের জন্যে আঞ্চলিক বা

TO THE READER

Debjani Chatterjee and Rashida Islam (Editors)

This book is a coming together of many compelling voices and visions. It represents too a meeting of cultures and generations. Working with each other, as co-editors, to compile the book and working with the many contributors has been a tremendously rewarding experience and we look forward now to reaching out to you, the reader, wherever you may be.

The idea for this book first arose in 1987 at a lunchtime meeting of Bengali Women's Support Group. Lacking its own premises, as it still does to this day, our group of Bengali women in South Yorkshire was meeting at the time in the basement room of a voluntary organisation concerned with mothers and young children. For the princely sum of £5 for the year, we were allowed to meet in the basement one lunchtime per month. Some twenty of us were crowding the little space, contrary to fire regulations I am sure, and discussing the various activities of the Group. "Let us have a few new and exciting projects," came a plea.

A bi-lingual magazine was one idea and this eventually evolved into a bi-lingual book project

স্থানীয় প্রতিষ্ঠানের সঙ্গে যোগাযোগ করাও হবে এসব কাজের অন্তর্ভূক্ত। কাজের ভার পেয়ে আমরা সত্যিই গৌরব বোধ কোরেছি। কিন্তু আমাদের বোনদের কাছ থেকে প্রেরনা, প্রচেষ্টা ও অবদান ছাড়া কখনও এই বই সম্পূর্ণ হ'তনা। তাই এখানে তাদের প্রতি কৃতজ্ঞতা জানানো আমাদের পালা এবং তাদের সিদ্ধিলাভের গৌরবে আমরাও গৌরবান্বিত।

এই বইয়ের রসদ যোগানোর পদ্ধতিটা কষ্টসাধ্য হ'লেও আকর্ষণীয় ছিল। আমরা এই সিদ্ধান্তের উপর ভিত্তি ক'রে অগ্রসর হ'লাম যে প্রত্যেকেরই কিছু প্রয়োজনীয় কথা জানানোর আছে, আর প্রেরনা ও সমর্থন পেলে আমরা আমাদের অভিজ্ঞতাকে সবার সঙ্গে ভাগ করে নিতে পারি। আমাদের ওয়ার্কশপে আমরা আমাদের চিন্তা, ভাব ও অনুভূতি কিভাবে লেখার মাধ্যমে প্রকাশ করা যায়, তার বিভিন্নধারা বাস্তব ও কল্পনা থেকে উদ্ভাবন করি, যেমন: ডায়রী, পত্র, গল্প, কবিতা, মতবিনিময়, ভাষণ ও প্রার্থনা। দক্ষিন ইয়র্কশায়ারের বিভিন্ন অঞ্চলের মহিলাদের সঙ্গে একান্তভাবে যোগাযোগ করা ও তাদের নিজেদের মধ্যে পরিচয় সূত্রে আবদ্ধ হওয়ারও প্রয়োজনীয়তা ছিল। আমাদের এই লেখা ও ছবি আঁকার ওয়ার্কশপ' গুলোতে আমরা মৌখিক ইতিহাস লিখার কাজও ক'রে থাকি, কিন্তু বাস্তবপক্ষে এর কাজ অনেক বেশী - যেমন বোলতে গেলে, আত্মবিশ্বাস বাড়ানো, সমবেতভাবে কাজ করা ও একতাবদ্ধ হওয়া। অনেক মহিলাদের পক্ষে এটা দুর্লভ সুযোগ, তাদের নিজেদের কাজ তারা নিজেরা কোরতে পারার স্বপক্ষে। আমরা সবাই একে অপরের কাছ থেকে শিক্ষণীয় বিষয় শিখেছি।

দোভাষী বই প্রকাশনার জটিলতা হ'ল অনুবাদের যথার্থতা। কি ভাবে একজন অন্যের শব্দাবলী, ছন্দ ও অতি সূক্ষ্ম তারতম্যকে আয়ত্ত্বাধীনে আনবে ? তবুও আমরা আমাদের **যুক্তরাজ্যে** বাস করা জীবনে এই সত্যতাকে স্বীকৃতি দিয়েছি যে ইংরাজী এবং বাংলা দু'টোই এখন আমাদের ভাষা। অনুবাদের মধ্যে এখানে কোন 'পণ্ডিতি' শুদ্ধতা নেই, তা বাংলা থেকেই হোক আর ইংরাজী থেকেই হোক, এজন্য আমরা কোন ক্ষমা চাইনা। পরন্তু তথ্যকে ভাষায় রূপান্তরিত কোরতে ও লেখার 'মেজাজটাকে' তুলে ধরার

involving a series of creative writing cum visual art workshops and exhibitions which would culminate in the publication of an anthology. This idea certainly caught the imagination of members and the Group asked the two of us to jointly take charge of this project, organise workshops, find a co-publisher with a genuine interest in community writing, and liaise with regional and local funding and other relevant bodies. We feel truly privileged to have been given this task. But without the encouragement and the generous effort put in by so many of our sisters – everyone of the contributors to this book – it would never have been completed. It is a pleasure to record here our gratitude to them and our pride in their achievement.

The actual process of generating the material for this book has been a painstaking but fascinating one. We began from the premise that everyone has something important to communicate, and that with encouragement and support we can all be enabled to share our experience with others. In our workshops we explored all the different ways in which thoughts, feelings and experiences can be expressed on paper, as fiction and as fact, through the genres of story, diary, letter, poem, dialogue, monologue and prayer. Much networking and outreach work was necessary with women living in various parts of South

জন্য আমরা ‘কাঁটার রেখা’কে লক্ষ্য ক’রে এগিয়ে চ’লেছি - প্রতিটি অনুবাদকে ভালভাবে বোলতে গেলে বলা যায় ভাষায় রূপান্তরিত একটি অনুশীলন। এই বইয়ের প্রতিটি অঙ্গ, - যেমন লেখা, চিত্রকলা, অঙ্কন, সম্পাদনা, প্রচ্ছদপট্ এবং উপরন্তু প্রকাশনায় আর বাজারে বের করা ছাড়াও আমরা অনুবাদের স্বত্বাধিকারও নিতে চেয়েছিলাম। সুতরাং অনুবাদের কাজটাও সকলের সমবেত প্রচেষ্টায় ও উৎসাহী, দোভাষী মহিলাদের অবদানে সম্ভবপর হবার সুযোগ পেল। নিজেদের লেখাকে অনুবাদ করার ব্যাপারে সবরকম সাহায্য দেওয়া হ’ল।

আমাদের স্থির বিশ্বাস যে আমাদের জীবনে এই দোভাষী বই এর কার্য্যকলাপের এক বিশেষ প্রয়োজন আছে, আর বাঙ্গালী মহিলা সাহায্যকারী সংস্থার আদর্শের অবদানে তার ভূমিকা আছে। প্রশংসা পাবার যোগ্য সেইসব মহিলারা, যারা আমাদের অনুরোধে সাড়া দিয়ে ‘কমিউনিটি’ কেন্দ্রে, কলাবিভাগে ও পাঠাগারের কাজের সহযোগীতা কোরতে এসেছিল।

আমাদের অশেষ ধন্যবাদ - বাঙ্গালী মহিলা সাহায্যকারী সংস্থার শক্তিশালী সভানেত্রী সফুরন আরার প্রতি, এই প্রতিষ্ঠানে তার অতিশয় স্পৃহা, যুক্তিপূর্ণ উপদেশ ও সমর্থন আমাদের কাছে মূল্যবান। বাস্তবিকই, বাঙ্গালী মহিলাদের জন্য তার ক্লান্তিহীন আত্মবিসর্জন, আমাদের সবার জন্য প্রেরণামূলক।

কাঁটার রেখা হ’ল বাঙ্গালী নারীর জীবনের সুখ - দুঃখের অভিজ্ঞতার মালিকা। এর উদ্বোধনের দিনটিও একুশে ফেব্রুয়ারী, সেই অম্লমধূর স্মৃতিভরা দিনটিতে, বাংলা ভাষার আন্দোলনের দিনে। বাঙ্গালীদের জন্য এটা একটি বিশিষ্ট উদ্‌যাপনের দিন, আরো মর্মান্তিক লাগে যখন আমরা বাংলার বাইরে তার উদ্‌যাপন করি। প্রতি বছর এই দিনে আমরা সাংস্কৃতিক অনুষ্ঠানের মধ্য দিয়ে দুঃখের সনে ও গৌরবের সাথে আমাদের শহীদ আত্মাদের স্মরন করি, যাঁরা মায়ের ভাষার জন্য জীবন দান করেছেন। আমাদের এই দোভাষী বইটি আমাদের ভাষাকে বাঁচিয়ে রাখার পরিপ্রেক্ষিতে একটি সামান্য দান আমাদের তরফ থেকে - এবং এর সঙ্গে

Yorkshire. Our workshops on creative writing and visual art also incorporated oral history work, but in reality they were much more – they were about confidence building, group work and solidarity, and for many women they were also rare opportunities to be involved in doing something for themselves. We all learnt from each other.

The complexity of bi-lingual publishing has meant grappling with the thorny issue of translation. How does one capture the sounds, the rhythms and the nuances of one language in another? Yet we recognise as a fact of our lives here in the U.K. that English and Bengali are both our languages now. There is no academic purity in translating here, whether from the Bengali or from the English, and we make no apology for this. Instead we have aimed in *Barbed Lines* to convey the substance and the mood of a piece of writing – each translation may be more properly called an exercise in transcreation. Like everything else about this book, e.g. writing, illustrating, photography, editing, cover design, and even to an extent publishing and marketing, we wished also to take ownership of the translating. So we faced the task of translation as another co-operative activity and encouraged women most of whom are bi-lingual, to greater or lesser extent, to attempt to translate their own work with whatever assistance

আমাদের সংস্কৃতি ও ঐতিহ্য, কারণ এরা অবিচ্ছেদ্য অংশ - আমাদের ও আমাদের সন্তানদের পক্ষে বেঁচে থাকার জন্য। আমাদের বাংলা ভাষায় কথা বলা প্রয়োজন, সবাই এ ভাষায় কথা বোলছে তা শোনাও দরকার এবং আমরা চাই যে আমাদের এই বাংলা বলা আপনারা শুনবেন।

was needed.

We are convinced that the bi-lingual book project met a real need in our lives and contributed to much that Bengali Women's Support Group stands for. Credit is especially due to the women who responded to our request to share with us the task of facilitating workshops in community centres, arts centres and libraries.

Most of all we owe thanks to Safuran Ara, the formidable Chairperson of Bengali Women's Support Group. Her keen interest in the project and her sound advice and support have been invaluable to us. With her tireless dedication to the cause of Bengali women, she is an inspiration to us all.

Barbed Lines is about the bitter-sweet experience of Bengali women. It is being launched too on a day of bitter-sweet memories – 21st February, Bengali Language Movement Day, a special anniversary day for Bengalis, all the more poignant when we commemorate it outside Bengal. Every year on this day we hold cultural events and remember in grief and in pride our martyrs who died for the right to use our mother tongue. This bi-lingual book of ours is a very small contribution to keeping our language, and with it our culture and heritage, alive for ourselves and our children. We need to speak it, we need to hear ourselves speaking it and we need you to listen.

বাঙ্গালী মহিলা সাহায্যকারী সংস্থা

সফুরন আরা

এই সংস্থার সদস্যগণ বাংলা ভাষায় কথা বলে। দেশ ধর্ম ও সংস্কারের উর্ধে এই সংস্থা। আমাদের ভাষা এক; আমাদের সংস্কৃতি এক। আমাদের উদ্দেশ্য মহিলাদের একত্রিত করা, বাংলা ভাষা ও সংস্কৃতির উন্নতি সাধন করা।

সংস্থার পটভূমি:-

১৯৮৫ সাল জুলাই মাস, বিলেতের একটি সুন্দর রোদ ঝল মল দিন। আমরা দুই বান্ধবী মিলে অনেকক্ষণ আড্ডা দিচ্ছিলাম, নানা ব্যাপারে আলাপ আলোচনা করছিলাম; সামাজিক, রাজনৈতিক, পারিবারিক, পেশা ও অনেক অর্থহীন বিষয় নিয়ে। আলোচনায় বিশেষভাবে ফুটে উঠে যে বিলেতে বাঙ্গালী মহিলাদের হতাশার বহুরকম কারণ আছে।

আমার বান্ধবী একজন কমিউনিটি ও ইয়ুথ ওয়ার্কার। আলোচনার মধ্যে এটাও ছিল যে আমরা কিছু বাঙ্গালী মহিলা, যদিও সংখ্যায় কম, তবু বিভিন্ন সংস্থার সাথে জড়িত থেকে কাজ করছি। আমাদের মধ্যে যোগাযোগ নেই, আমরা খুবই বিচ্ছিন্নভাবে আছি। আর এই বিচ্ছিন্নতার সুযোগ নিয়ে কিছু সংখ্যক পুরুষ নানাভাবে আমাদের উপর চাপ দেয় এবং সুযোগ গ্রহণ করে। কাজেই আমাদের নিজেদের মধ্যে সহযোগিতার প্রয়োজন, আমাদের নিজেদের একটি সংস্থার

BENGALI WOMEN'S SUPPORT GROUP

Safuran Ara

translated by the author and Debjani Chatterjee

The members of this organisation speak in Bengali and this single factor binds us as a group, in spite of differences of national origin, religion and philosophy. Our language, with all its varieties of dialect, is one, our culture too is one. Our aims are to unite Bengali women and to promote our Bengali language and culture.

How Our Group Came About

One sunny day in July 1985, we were two friends chatting at length about many matters: social, political, and relating to family and profession. In our discussion we highlighted the desperate circumstances in which many Bengali women find themselves in Britain for a variety of reasons.

My friend was a youth and community worker. We discussed the fact that while there were a few professional Bengali women around who were involved with various official and

দরকার। আর তা হলেই আমরা আমাদের উন্নতি সাধন করতে পারবো। আমাদের সামনে অনেক কাজ এবং একমাত্র একটি সংস্থার মাধ্যমেই সংগঠিত ভাবে আমরা এগিয়ে যেতে পারি, আমাদের সমস্যার সমাধান করতে পারি, নিজেদের মধ্যে একতা ও জোরাল শক্তি সঞ্চয় করতে পারি।

সেই দিনই আমরা দুই বান্ধবী ঠিক করলাম, একটা সভা করা দরকার এবং আলোচনার প্রয়োজন। সভার দিন তারিখ ঠিক ক'রে আমাদের বান্ধবীদের ও পরিচিত মহিলাদের নিমন্ত্রণের মাধ্যমে তাদের সভাতে আসতে আগ্রহী করি। আমাদের প্রথম সভায় মাত্র চারজন মহিলা উপস্থিত থাকে তবে বহু মহিলা উৎসাহ দেখায়। মহিলাদের উৎসাহ দেখে আমরাও উৎসাহ, উদ্দীপনা পেলাম। সেই থেকেই আমরা মাঝে মাঝে সভা আলোচনা, জল খাবারের আয়োজন ইত্যাদি ক'রতে আরম্ভ করি। ক্রমে ক্রমে আমাদের সদস্যা সংখ্যা বাড়তে আরম্ভ করলো।

বছর ঘুরে এলো। বাংলা নববর্ষ উপলক্ষে আমাদের প্রথম সামাজিক অনুষ্ঠানের ব্যবস্থা করা হলো। অনেক মহিলা এলো এই অনুষ্ঠানে, আনন্দ হলো, একে অপরকে জানতে চিনতে পারলো, বন্ধুত্বের সূত্র খুঁজে পেল।

এখন আমরা নিয়মিত সভা করি। সভায় আমরা' নিজেদের পেশা, মহিলাদের জন্য চাকরি, চাকরির বিজ্ঞাপন, ট্রেনিং ইংরেজী শিক্ষা, সেলাই শিক্ষা রান্না ইত্যাদি বিষয় নিয়ে আলোচনা করি। ছেলেমেয়ে যাতে সুন্দর সুস্থ মানসিকতা নিয়ে গড়ে উঠতে পারে সে বিষয়ে মত বিনিময় করি।

যে সমস্ত ক্ষেত্রে বাঙ্গালী মহিলারা বর্ণবিদ্বেষের শিকার হয় তা সমাধানের চেষ্টা করি। ভাষা সংস্কৃতির সংরক্ষণ করা ও উন্নতি সাধনের জন্য নানা রকম সাংস্কৃতিক, সামাজিক অনুষ্ঠানের ব্যবস্থা ক'রে থাকি। আমা৷দর সংস্থার পক্ষ থেকে দেয়ালী, ঈদ নববর্ষ, শহিদ দিবস, আন্তর্জাতিক মহিলা দিবস ও বহুরকম আনন্দ ভোজ ও মেলার ব্যবস্থা করে থাকি। এই সংস্থার পক্ষ থেকে নানাধরণের শুভেচ্ছা কার্ড তৈরী করা হয়। শুভেচ্ছা কার্ডের ডিজাইন ও চিত্রকলা এই সংস্থার সদস্যারাই করে।

১৯৮৮ সালে বাংলাদেশে যখন বন্যায় হাজার হাজার নারী, শিশু, পুরুষ গৃহহীন; খাদ্যের অভাব, ঔষধের অভাবে মৃত্যুর সাথে লড়ছিল, তখন আমাদের সংস্থার সদস্যাগণ নানাভাবে ত্রাণসামগ্রী সংগ্রহ করে এবং তার সাথে টাকা,

community groups, we were all dispersed and lacked solidarity among ourselves. This disunity meant that some men took advantage and put various pressures on us. So it was necessary for us to band together in a group. Only then would we benefit ourselves. Before us lay many tasks, but with co-operation we could make progress. We could resolve our problems and strengthen ourselves through unity.

That same day we decided, my friend and I, that we would call an assembly and hold wider discussion. After fixing the date for the meeting, we invited all our friends and acquaintances to come. Only four women turned up at our first meeting, but many more women expressed interest. Noting the enthusiasm of other women, we too became excited. From then on we began from time to time to hold get togethers for discussion and refreshments. Gradually our numbers grew.

A year passed. We made arrangements to mark Bengali New Year's Day. Many women attended, enjoyed the day, got to know each other and formed friendships.

Nowadays we regularly hold meetings where we discuss our work, job vacancies, training opportunities, the learning of English and other subjects and skills through adult education classes,

জামাকাপড়, 'বাংলাদেশ মহিলা পরিষদের কাছে পাঠায়, যাতে তাঁদের বন্যা সাহায্য পরিকল্পনায় সাহায্য হয়।

বাঙ্গালী মহিলা সাহায্যকারী সংস্থা, বাংলাদেশ মহিলা পরিষদের সাথে একটি যোগসূত্র রেখে কাজ ক'রে যাচ্ছে। এই সংস্থার সদস্যাগণ মনে করে দেশ ও বিদেশের নানাধরণের মহিলা সংস্থা ও সংগঠনের সাথে একটি সম্পর্ক গড়ে তোলা একান্ত প্রয়োজন। এতে আন্তর্জাতিক ভাবে নারী সমাজের মধ্যে একটি শক্তিশালী বন্ধন সৃষ্টি হয়। সেই দিনটি আমাকে বিশেষভাবে গর্বিত ক'রেছে, যেদিন আমি বাঙ্গালী মহিলা সাহায্যকারী সংস্থার প্রতিনিধি হিসাবে, বাংলাদেশ মহিলা পরিষদের প্রেসিডেন্ট বেগম সুফিয়া কামালের সাথে ঢাকা শহরে জনগণের একটি অনুষ্ঠানে দেখা করি এবং আনুষ্ঠানিকভাবে 'সাউথ ইয়র্কসায়ারের মহিলাদের দেওয়া চেক্‌টি শুভেচ্ছা স্বরূপ বেগম সুফিয়া কামালের হাতে তুলে দেই। লেখিকা, মুক্তিযোদ্ধা এবং সমাজ সংস্কার সাধিকা বেগম সুফিয়া কামালের প্রগতিশীল প্রভাব পৃথিবীর সর্বত্র বাঙ্গালী মহিলাদের জীবন স্পর্শ ক'রেছে।

আমাদের সংস্থা একটি স্বীকৃতি প্রাপ্ত প্রতিষ্ঠান হিসাবে কাজ করে যাচ্ছে। সংস্থার প্রতিনিধিরা বিভিন্ন স্কুলের গভার্নিং বডিতে, বিভিন্ন সরকারী বেসরকারী আপিস আদালতে প্রতিনিধিত্ব করে; শাবভটিই (শেফিল্ড এসোসিয়েশন ভলানটারী টিচিং ইংলিশ) ও কাউনসেল-ফর-রেসিয়াল ইকুয়ালিটি অফিসের বিভিন্ন কাজে আমাদের সদস্যাগণ সক্রিয় অংশগ্রহণ করে এবং বাঙ্গালী মহিলাদের ন্যায়সঙ্গত অধিকার আদায়ের জন্য সংগ্রাম করে থাকে। তাঁরা অন্যান্য সংস্থার দেওয়া পুস্তিকা প্রচারপত্র ইত্যাদি অনুবাদও ক'রে থাকে।

আমরা নিজেদের মধ্যে আলোচনা ক'রে, একে অপরকে সাহায্য, সহযোগীতার মাধ্যমে আত্ম বিশ্বাস ও শ্রদ্ধা অর্জন করি। এখানে সংস্থার একজন সদস্যা তাঁর নিজের অভিজ্ঞতা তুলে ধ'রেছে।

"আমি বেশ কিছুদিন বিলেতে বসবাস করছি। ঘর কন্যাই প্রথম ধর্ম, তবে আমি একজন শিক্ষাপ্রাপ্ত শিক্ষিকা। একদিন হঠাৎ শুনতে পেলাম বাংলাদেশী এক মহিলা শেফিল্ড লাইব্রেরীতে কাজ করে। ঐ মূহুর্তে আমার ঠিক ঐ ধরণের একজনার সাহায্য বিশেষভাবে দরকার ছিল কারণ আমি একটা কোর্স ক'রছিলাম এবং কোর্সের পড়াশুনার জন্য বই ও নানাধরণের সংবাদপত্রের প্রয়োজন ছিল।

as well as our individual interests such as needlework and cooking. We also make plans so that our children may grow up to be healthy, confident and responsible. We also discuss how, as Bengali women, we must deal with the racism which we encounter. We organise various functions in order to preserve and promote our language and culture. Our Group holds events to mark Diwali, Eid, Bengali New Year, Martyrs' Day, International Women's Day and we have feasts on happy and festive occasions. Our Group produces various greetings cards for appropriate occasions. These cards are designed by our own members.

In 1988 when Bangladesh was in the grip of a terrible flood, and thousands of men, women and children, lacking food and medicines, were grappling with death, members of our Group came forward to engage in various relief-assisting operations. Through our fundraising efforts money and clothes were sent with our good wishes to Bangladesh Mohilla Parishad to aid its flood relief work.

In our work of supporting Bengali women we have developed co-operative links with Bangladesh Mohilla Parishad. Our members consider that alongside the development of our local community, we must keep abreast of

লাইব্রেরীতে বই ধার ক'রতে এসে তাঁর সাথে দেখা হলো এবং সেখানেই আমি বাঙ্গালী মহিলা সাহায্যকারী সংস্থার কথা অবগত হলাম। সংস্থার সদস্যা হয়ে নিয়মিত মিটিং এ আসতে শুরু করলাম এবং অন্যান্য কাজে জড়িয়ে প'ড়লাম। আমাদের মহিলাদের জন্য এ ধরণের একটা সংস্থার প্রয়োজন, যেখানে এসে আমরা নিজের ভাষায় কথা বলতে পারি, নানাধরণের আলোচনায় অংশ গ্রহণ করতে পারি এবং নানা বিধ সমস্যার সমাধান খুঁজে পেতে পারি। সংস্থার সদস্যাদের সহযোগীতা আমি আনন্দের সাথে উপভোগ করি। কিন্তু এখনও বহু মহিলা এই সংস্থার সদস্যা নন। তাঁরা ঘরে বসে শুধু ঘর কন্যার কাজই ক'রে যাচ্ছে; এমন অনেকে আছে যাদের পরিবারে সম্মতি নাই বাইরে আসার, যাদের পরিবার তাদের নিজেদের সুবিধার জন্য এই মহিলাদের কাছ থেকে অনেক বেশী দাবি করে। আমার কাছে মনে হয় এরা একটা গতানুগতিক জীবনে অভ্যস্ত, বাইরে কোনদিন আসে নাই এবং বাইরে আসতে ভয় পায়। অবশ্যই যাতায়াত একটা সমস্যা এদের কাছে, তবে আমার বিশ্বাস এরা যদি একবার এই সংস্থার সভায় আসে তাহলে আনন্দ পাবে। এরা আর একাকিত্বে ভুগবে না। এই সংস্থার সদস্যা হওয়া খুবই সহজ, শুধু এসে বলা যে এই সংস্থার সদস্যা হতে ইচ্ছুক। একদিন আমি নিজেই খুব একা ছিলাম, এই সংস্থার সাথে জড়িত হ'য়ে মানসিক শান্তি খুঁজে পেয়েছি।"

আমাদের এই দোভাষী বইটি আমাদের সদস্যাদের মনের ভাব প্রকাশ করার একটা সুযোগ করে দিল। অনেকেই আমাদের ওয়ার্কশপে এসেছে এবং তাদের লেখা ও অঙ্কন বইতে আছে। যারা আমাদের এই বইটি পড়বেন তাঁরা অনেকেই এর মধ্যে নিজেদের অভিজ্ঞতার প্রতিচ্ছবি খুঁজে পাবেন। আমরা যারা এই বইতে লিখেছি তারা সবাই খুব সাধারণ মহিলা।

কবি সাহিত্যিক বা চিত্রকর হ'য়ে কেউ জন্মায় না কিন্তু লেখা বা চিত্রের মাধ্যমে জীবনের কিছু অর্থ খুঁজে পাওয়ার ক্ষমতা আমাদের সবারই থাকে।

women's progress in our countries of origin and do our bit to contribute. This solidarity among women strengthens and enriches not only international sisterhood, but society as a whole. It was one of the proudest days of my life when, representing the Bengali Women's Support Group, I met the President of Bangladesh Mohilla Parishad, Begum Sufia Kamal, and, at a public rally in Dhaka, gave her a cheque from our South Yorkshire group along with our sisterly greetings. Writer, freedom fighter and social reformer, Begum Sufia Kamal has touched the lives of Bengali women everywhere.

Our Group is now established as a recognised and effective body of people. Our members serve on various school governing bodies and respond to various requests from the statutory sector. We actively participate in organisations like the Sheffield Association for the Voluntary Teaching of English and the Sheffield Council for Racial Equality and encourage our members to fight for their rights. We also meet requests from other organisations to translate their booklets, leaflets and other publications.

An important objective of our Group is to foster friendly respect for one another and for each of us to gain in self confidence. Below, one

member of our Group recounts her own experience.

"I've lived in Britain for a long time. Although trained as a teacher, I was initially a housewife only. One day I heard that a Bangladeshi woman worked for Sheffield Libraries. At the time I really wanted the help of someone like her because I was on a study course and needed relevant books and newspapers. When I came to the library to borrow some books, I met her and learnt that there was a Bengali Women's Support Group. I became became a member, began to attend meetings and was glad to do various tasks for our women. We really do need the Group – it is somewhere where we can express ourselves in our own language and discuss our problems and seek solutions. I have enjoyed much co-operation from women in our Group. But even now many women have not joined the Group, they remain inside their homes all the time and do only housework. Many have family members who will not allow them out and whose demands they have to satisfy. It seems to me that these women have become habituated to not going outside the home and are afraid to do so. Travelling of course poses problems for them. Yet I believe that if they made the effort to come to our meetings they would find happiness. They would no longer be

আমরা বাংলার নারী

রেহানা চৌধুরী

আমরা বাংলার নারী
সর্বংসহা মৃত্তিকার মত
ধৈর্য্য আমাদের।
নিজেদের অন্তরে
পুষি শত জ্বালা,
দিই প্রশান্তি অন্যদের।

lonely. It is easy to join the Group – one just has to turn up and say that one wishes to join. I myself felt very lonely before I joined. Being in the Group has given me peace of mind."

Our bi-lingual book has given our members a chance to express their thoughts and feelings. Many came to our workshops and have written or drawn for the book. Those who read our book will find in its pages some idea or experience that they will identify with. We are ordinary women who have written this book.

But poets, prose writers and artists are not born great people, we all have the ability to create some sense of our lives on paper.

WE ARE THE WOMEN OF BENGAL

Rehana Chaudhury

translated by the author and Debjani Chatterjee

We are the women of Bengal –
our patience like the tolerant earth's.
We contain all pain within ourselves
to create peace for others.

আমরা গৌরব যেন,
অর্ঘ্য যেন এই ধরণীর।
আমরা রিক্ত, তবু সিক্ত করি
বহ্নি অশান্তির।
আমরা শান্তির দুত
আমরা অবলার রূপ
সংসারে আনি অবিরল সুখ।

আমরা স্নেহ সিঞ্চিত কোমল-হৃদয়ে
বহি কঠিন ভার।
আমাদের বুক ফাটে তবু
মুখ যে ফোটে না -
পাছে নিমিত্ত হই কারো ব্যথার।

আমাদের স্বভাব-সুলভ শান্ত হৃদয়ে
বহে অশান্ত প্রলয় - বার বার।
আমরা নিজ সন্তানেরে ভালবেসে
দি-ই জীবন বিসর্জন
আমরা বাংলার নারী
এই ধরিত্রীর অতি দুর্লভ ধন।

We are like the glory
and the sacrifice of this earth.
We are empty, but we dowse
the fire of unhappiness.
We are the harbingers of peace.
We look frail, but we bring
unceasing joy to the family.

Our soft and tender hearts
bear a heavy burden;
though our hearts break
we keep silence,
lest anyone is hurt.

Our goodnatured calm endures
annihilation – again and again.
Our love for our children leads us
to sacrifice our lives for them.
We are the women of Bengal –
this earth's rare and precious wealth.

আমার অধিকার

মনোয়ারা বাদ্‌শা

রমনীর কমলতা হারিয়েছি আজ !
জানি না কেন ? কণ্ঠে বাজে আজ বজ্রের বাজ !
আমি নারী, পুতুল তো নই !
ইচ্ছামত খেলা শেষে ধুলোয় ফেলে দিবে !
যখন ইচ্ছা কুড়িয়ে নিবে !
আমার উপর এত অমানুষিক -
অবিচার, অত্যাচার কেন ?
আমি তো মানুষ তোমারই মত !
জানোয়ার আমিতো নই !
তবে হাতে পায়ে কেন বাঁধা এ শিকল !
কারো কৃতদাসী হ'য়ে তো আমার জন্ম হয়নি !
আমি কারো কৃতদাসী নই !
তোমার মত বাঁচার অধিকার আমারও আছে !
কোন কিছুতেই আমি খাটো নই !
আমি অন্ধ বধির বা দূর্বল নই !
আমি অক্ষম নই !
শত বৎসরের ঐ পুরানো জীর্ণ কুঠি -
শুধু কঙ্কাল আছে তার !
নতুন করে গড়বো আজি -
ছিনিয়ে নিব সে অধিকার !

MY RIGHTS

Monuara Badsha

translated by Rehana Chaudhury

I have lost the tenderness of womanhood today!
I don't know why. My voice has changed to
thunder now.
I am a woman, not a puppet.
You reject me when you finish your play
And take me back when you feel like it again!
Why this injustice? Why this brutal oppression?
I am human like you, not an animal.
Then why is my whole body chained from head to
toe?
I was not born enslaved, I am no one's slave.
I have the same rights as you,
In no way am I weaker than you.
I am not blind, deaf or disabled;
I am not incapacitated.
For now I am a skeleton in an ancient emaciated
hut,
But I will reform myself
And seize my rights.

এতটুকু আশা

কায়সার মুস্তাহাব

আজীবন যুদ্ধ ক'রেও
        জীবনের কোন কাঠগড়াতেই
দাঁড়াতে পারলাম না,
শুধু সংসারে নয়, সমাজে নয়,
        বহির্বিশ্বের কাছেও
কোন দাবী জানাতে পারলাম না।
এ খেদ নয়, ক্ষোভ নয়,
        মনোবাসনা মাত্র।

জাগো মা জাগো

মনোয়ারা বাদশা

মাগো মা ! আর কতযুগ ধ'রে এমনি ক'রে তুমি ঘুমাবে ? তোমার এ গভীর ঘুম কি কখনও শেষ হবে না ? তোমার এ ঘুম প্রাণহীন, চেতনাহীন জড় পদার্থকেও হার মানিয়ে ছাড়বে। কিন্তু কেন তুমি অন্ধ, বধির, বাকশূন্য ও পঙ্গু হ'য়ে প'ড়েছ মা ? তুমি তো ভিক্ষুক নও যে অন্যের করুনার পাত্রী হবে ?

ONLY A HOPE

Kaiser Mustahab

*translated by the author with the help of
Bengali Women's Support Group sisters*

Though I fought all my life
I was unable to take a stand anywhere,
        Not in the family,
        Not in society;
I could not even make any claim on the wide
        world.
This is not a regret, nor a complaint,
        Only a hope.

AWAKE, MOTHER, AWAKE

Monuara Badsha

translated by Rehana Chaudhury

O Mother, how many more ages will you pass asleep like this? Won't this deep slumber of yours come to an end? Your sleep even surpasses that of the inert object with no life or feeling. But why have you become blind, deaf, dumb and crip-

তুমি তো মহারাণী, মহানশ্রষ্টা তো তোমাকে পৃথিবীতে শাসিকা ক'রেই সৃষ্টি করেছেন, তুমি তো শাসিত হ'তে আসনি পৃথিবীতে মা ? কিন্তু তোমার এ অবস্থা কেন ? মাগো ওরা বলে —

তুমি অন্ধ বধির শক্তিহীনা
পঙ্গু চিরতরে !
চির ভিখারী চির অসহায়
আশা নেই এই ধরে !

না, না এ মিথ্যে কথা। এ মিথ্যে অভিযোগ তোমাকে মিথ্যে ব'লে প্রমাণ কোরতেই হবে। আসল রূপটি গোপন না ক'রে তোমাকে জাগতেই হবে। উপলব্ধিকর গোলাপের গন্ধতূল্য তোমার সুমহান আদর্শের বীজ তোমার সন্তানের মধ্যে বপন ক'রে দাও। তুমি তাদের জন্মদাতা ও শিক্ষিকা, দু'টোই তোমার ভূমিকা। তুমি যদি গোপন থাকতে ভালবাস তবে তাই হোক কিন্তু গোলাপের গন্ধের মত ছড়িয়ে দাও তোমার শক্তিকে পৃথিবীর এক প্রান্ত থেকে আর এক প্রান্ত পর্য্যন্ত। তুমিই ভবিষ্যতের পথ প্রদর্শক, তাই ঘুম ভেঙ্গে আদর্শ পথের সন্ধান তোমার সন্তানদের দিতেই হবে তোমাকে। হয়তো তোমার সন্তান অন্ধের মত অন্ধকারে কাঁটার পথে পা বাড়িয়ে নিজেকে কাঁটার আঘাতে ক্ষত বিক্ষত কোরবে, হিংস্র জন্তুর হাতে অকালে প্রাণ হারাবে ! চন্দ্র-সূর্যের মত নিয়মিত জেগে উঠে তুমি তোমার বিপন্ন সন্তানদের রক্ষা কর মা !
তোমার এ নিশার ঘুম ভাঙ্গতেই হবে।

মা - তুমি আজ অন্ধ। অজ্ঞতা তোমাকে অন্ধ ক'রে ফেলেছে। তোমার চক্ষু উন্মুক্ত ক'রে দেখলে বুঝতে পারতে তোমার সন্তানদের করুণ অবস্থা। অজ্ঞতার অন্ধকার থেকে তোমাকে জ্ঞানের আলোয় আসতেই হবে নইলে নিজে অন্ধ হ'য়ে তো অপরকে পথ প্রদর্শণ কোরতে পারবেনা, জ্ঞানের আলোদান কোরতে পারবে না। মাগো - তোমার অন্ধত্বের ঐ কালো পর্দা সরিয়ে ফেল, এটুকু আত্মত্যাগ তুমি সন্তানের জন্য কোরতে পারবেনা ?

যে সমাজ রাণীকে ভিখারী ক'রে রেখেছে, সে সমাজকে ক্ষমা

pled, Mother? You are no beggar, so why be an object of pity?

Great queen that you are, the Almighty sent you to the Earth as a ruler, you did not come to be ruled, Mother! Then why are you in this state? O Mother, they say of you that:

You are blind, deaf and powerless,
Crippled forever,
Always begging, always helpless,
So hopeless forever.

No! No! It is a lie. You must prove this to be the lying accusation that it is. Leaving aside disguises, you must reveal your real nature. Scatter the seeds of your ideal character, fragrant as the rose, among your children. You are the giver of life and the teacher, both are your roles. If you wish to stay silent, then let it be so, but like the scent of the rose, spread your strength from one end of the world to the other. You are the guide to the future, so end your sleep for you must lead your children to discover the true path. It may be that your children will stumble blindly in the dark and suffer from the thorns on the way or lose their lives untimely to fierce animals. As reliably as the sunrise or moonrise, awake, Mother, and rescue your endangered children. This deep sleep of yours has to be broken.

কোরনা। যে সমাজ নারীর সমস্ত শক্তিকে কেড়ে নিয়েছে, দাবীকে অবজ্ঞা ক'রেছে, নারীকে দাসীর কাজে নিযুক্ত ক'রেছে, সে সমাজকে উপেক্ষা কোরে তোমাকে আপন অধিকার ছিনিয়ে আনতেই হবে। তোমার মেয়ে সন্তান সব বিপদ তুচ্ছ ক'রে আজ তোমারি পাশে দাঁড়াবে, তোমার দেওয়া আশীর্বাদ মাথায় নিয়ে।

মা - তুমি যেমন তোমার ছেলে একদিন অনেক বড় হবে, দেশের কর্ণধার হবে, পিতা হ'য়ে তার দায়িত্ব পালন কোরবে, - এইসব ভেবে তোমার জীবন পর্য্যন্ত দেওয়ার জন্য প্রস্তুত থাকো তেমনি তোমার শিশু মেয়েটির জন্য সমানভাবে আদর্শ পথের দিশারী হিসাবে আপ্রাণ চেষ্টা চালিয়ে যেও। জ্ঞানের আলো থেকে তাকে বঞ্চিত কোরনা, দেখবে সেই শিশু মেয়েটিই একদিন উজ্জ্বল তারকার মত আদর্শ মা, আদর্শ বোন ও আদর্শ গৃহিনী হয়ে জগতে
পরিচিতি লাভ কোরবে। যুগে যুগে এই নারীই গ'ড়ে তুলবে ভবিষ্যতের সুনাগরিকদের।

জাগো মা জাগো !
উঠো আজ ধুমকেতুসম -
সবার মনে মাগো !
ভেঙ্গে দাও ঐ পুরানো কালে
গড়া যে দীন কুঠি,
জেগে উঠুক যা ছিল অন্তরালে।

Mother, today you are blind. Ignorance has rendered you blind. If you opened your eyes you would realise the pitiable condition of your children. From the darkness of ignorance you must move to the light of knowledge, else being blind yourself you could not show others the path, you could not confer on them the light of knowledge. Mother, remove the black veil of your darkness, can you not sacrifice this much for your children?

Do not forgive that society which turned a queen into a beggar. The society which has snatched away all the power from women, ignored their demands and employed women as slaves, that society must be disregarded – you have to claim back your rights. Ignoring all dangers, your daughters will today stand by your side with your blessings upon them.

Mother, when you think that one day your son will grow to be a great man, the leader of a nation, and will be a father and fulfill his responsibilities, you are prepared to even give your life for him. In the same way and to the same measure try your best to guide your young daughter to the ideal path. Do not deprive her of the light of knowledge, one day you will see that young girl shine in the world like a bright star and be known as an ideal mother and an ideal sister

জাতি-বিদ্বেষ

মরিয়ম খন্দকার

অনুবাদ: রেহানা চৌধুরী

জাতি-বিদ্বেষ এক কঠোর কাষ্ঠ খণ্ড
যা সাদা মানুষের চোখকে করে রাখছে অন্ধ,
প্রভাতের সুনীল আকাশকে রাখছে ঢেকে কালো ছায়ায়।
বর্ণ বিদ্বেষীরা মনে করে মালিকানা স্বত্ত্ব শুধু তাদেরই,
আর আমরা তাদের পদলেহন করবো।

অন্যায় এক যাতনা যা মনকে ভীষন ব্যথা দেয়,
কালো মানুষেরা প্রতিঘাত করবেই
যখন বর্ণবাদীরা ভীতি প্রদর্শন এবং আক্রমণ করে,
আমরা ক্রুদ্ধ হই, আমাদের কারণ আছে,
আইনে ভালবাসা এবং শান্তির কোন স্থান নেই।

and wife. Age after age this woman will bring up the ideal citizens of the future.

Awake, Mother, Awake!
Rise like a comet today,
Mother, in the minds of all!
Break this ancient, lowly
Prison hut, Mother; may all
That is hidden awake!

RACISM

Maryam Khandaker

Racism is a violent beam
obscuring the white man's eye,
a shadow blotting the morning sky.
Racists think they own the street,
expecting us to kiss their feet.

Injustice is a pain that hurts.
Black people will fight back
when racists threaten and attack.
We are angry, we have cause.
Love and peace are not in laws.

বিচারের পাল্লা
নিরর্থক ভাবে ঝুলে;
বিকৃত মস্তিষ্কের এক ভাব
আমাদের বাস্তবের অংশ হ'য়ে দাঁড়ায়,
তবু আমরা একটি জীবনের স্বপ্ন দেখি,
যা ঘৃণা এবং বিবাদের পঙ্কিলতা থেকে মুক্ত।

প্রোটেষ্ট

ইন্দিরা দত্ত

রুপক তুমি এসেছিলে
তুমি আমায় বলেছিলে " যে
কি দোষ করেছি মোরা" ?
চাম্ড়ার রং নিয়ে
মানুষের শ্রেণী -
কোন ক্ষমতায়
এই আইন করেছ তোমরা।
এই চন্দ্র সূর্যের আলোছায়ায়,
আমাদের চামড়ার রং ভিন্ন দেখায়,
কিন্তু মোদের সবার রক্ত লাল -
কোন স্পর্ধায় তৃতীয় পৃথিবীর লোক ব'লে
তোমরা আমাদের দাও গাল্। "

The scales of justice
hang meaningless;
a feeling of insanity
becomes our shared reality.
But we dream of a life
free of hatred and strife.

PROTEST

Indira Dutta

translated by the author

Rupak, you came
and told me "Jane,
what wrong did we do
that you call us third world people,
simply because of skin colour?
On what grounds, on what authority?
Under the same sun and moon,
our skin colour may look different
from person to person.
But we all have the one blood colour – red.
By what right do you
call us third world people?"

একুশ তুমি রোজ আসো

রেহানা চৌধুরী

একুশ
ফেব্রুয়ারীর রক্ত রাঙা একুশ
তুমি আবার এলে
সে আগের মতই বজ্র শপথ নিয়ে
দশ কোটি বাঙালীর দুয়ারে।
তাই হে অমর একুশ
তোমারে জানাই অভিনন্দন
প্রাণের অন্তঃস্থল হতে।
কারণ -
তুমিই করিয়ে দাও স্মরণ
ভুলে যাওয়া সেই রক্ত লাল অতীতকে
সে শপথের অতীতকে
যেদিন আমাদেরই ভায়ের রক্ত
করেছিল রঞ্জিত
ঢাকার রাজপথ
শরৎ এর কৃষ্ণচূড়ার মত।

আবার তুমি চলে গেলে -
জানি না কেন যে
ঢাকা পড়ে যায় সবই
বিস্মৃতির অন্তরালে -।
তাই তোমায় বলি, ওগো,

COME DAILY, O TWENTY-FIRST

Rehana Chaudhury

translated by the author and Debjani Chatterjee

O Twenty-first!
Ruddy with February's blood, Twenty-first,
You have come again
Just as you did before with heart-rending promise
To the doors of one hundred million Bengalis.
That is why, O eternal Twenty-first,
I offer you praise
From the bottom of my heart.
The reason?
It is you who revive memories
Of the forgotten red bloodied past
And the vows that we made then.
That day the blood of our brothers
Reddened Dhaka's highways,
As do the Krishnachura trees in Springtime.

Again you are gone –
I don't know why
All gets hidden away
In the recesses of memory.
That is why I say to you,
You breaker of mothers' hearts,

মায়ের অন্তর বিখন্ডিত করা
অশ্রু প্লাবনে সিক্ত একুশ
ফেব্রুয়ারীর রক্ত পলাশের একুশ
তুমি রোজ আসো
তুমি রোজই আসো
আত্মভোলা এই বাঙালীর
অন্তরে ।।

একুশে ফেব্রুয়ারী

মনোয়ারা বাদ্‌শা

আমার প্রিয় ভাই বোনেরা - আপনাদের সবাইকে আমার শুভেচ্ছা জানিয়ে আমি আমার বক্তব্য শুরু কোরছি। আমার বক্তব্যের বিষয় বস্তু হ'ল ২১ শে ফেব্রুয়ারী বা শহিদ দিবস।

প্রতি বছর একুশে আসে, আবার চলে যায়, স্মরন করিয়ে দিয়ে যায় তার রক্ত ঝরিত দিনটির কথা ! আমাদের মনে আছে কি সেই দিনটির কথা ? যেদিন শহিদের তাজা রক্তে রঞ্জিত হ'য়েছিল ঢাকার রাজপথ ? সন্তানহারা মায়ের বুকফাটা আর্তনাদ ধ্বনিত হ'য়েছিল বাংলার আকাশে বাতাসে ?

প্রতি বছরের মত এবারও ফিরে এসেছে একুশে ফেব্রুয়ারী। এদিনে আমাদের শহিদ ভায়েরা আমাদের মায়ের ভাষা বাংলা ভাষার জন্য যেভাবে জীবন দান ক'রেছেন তা পৃথিবীর ইতিহাসে বিরল। আমরা যদি কোনদিন শহিদ ভাইদের ভুলেও যাই, আমাদের দেশ এবং আমাদের ভাষা কোনদিন তাদের ভুলতে পারবেনা। আমাদের ভাষার মাঝে চিরদিন জেগে থাকবে শহিদ আত্মার আত্মত্যাগের ইতিহাস।

Tear drenched Twenty-first,
February's blood-red Polash trees,
Come daily,
O come daily
To the hearts
Of forgetful Bengalis.

TWENTY-FIRST FEBRUARY

Monuara Badsha

translated by Rashida Islam and Debjani Chatterjee

My dear brothers and sisters, I greet you all and address you on the subject of Twenty-first February or Martyrs' Day.

Twenty-first February comes each year, reminds us of that day of bloodshed, and goes away. Do we keep that day in mind – that day when Dhaka's main road was drenched in the blood of martyrs? The heartrending cries of mothers who lost their sons filled the air of Bengal.

Twenty-first February has returned, as it does each year. The way in which our martyr brothers sacrificed their lives on this day for our Bengali mother tongue is rare in history. Even if we should ever forget our martyred brothers, our

সুদীর্ঘ দু'শো বছর ইংরেজদের গোলামী করার পর ১৯৪৭ সালে আমরা স্বাধীনতা পেলাম। পাকিস্তান রাষ্ট্র প্রতিষ্ঠিত হ'লো মুসলমানদের জন্য। আর ঐ বছরই মুহম্মদ আলী জিন্নাহ্ বাংলার মাটিতে দাঁড়িয়েই ঘোষনা করলেন, 'উর্দূই হবে পাকিস্তানের একমাত্র রাষ্ট্র ভাষা'। তখন থেকেই সরকারী উদ্দ্যোগে শুরু হলো আরবী হরফে বাংলা লেখার প্রচেষ্টা। এমন কি একদল লোক বাংলা, উর্দূ, আরবি, ফারসি ভাষাকে মিলিয়ে সংকর ভাষা সৃষ্টি করার জন্য উঠে প'ড়ে লাগ্‌লো। এক কথায় নানা অজুহাত দেখিয়ে আমাদের প্রিয় বাংলা ভাষাকে ধ্বংস করার জন্য সব রকম প্রচেষ্টাই তারা চালিয়েছে। ১৯৪৭ সালে জিন্নাহ্‌র মৃত্যু পর কিছুদিন ভাষাগত এই বিরোধ স্থগিত থাকে। অবশেষে ১৯৫২ সালের ফেব্রুয়ারী মাসে 'রাষ্ট্রভাষা উর্দূ'র পুনরাবৃত্তিতে পূর্ব পাকিস্তানের সংগ্রামী মহলে তীব্র বিক্ষোভের সৃষ্টি হয়। রাজধানী ও দেশের সব জায়গায় প্রতিবাদের ঝড় ওঠে । "রাষ্ট্রভাষা বাংলা চাই, মায়ের ভাষা কেড়ে নেওয়া চলবেনা" ইত্যাদি ধ্বনিতে জেগে ওঠে বাংলার ছাত্র সমাজ ও জনগন। এভাবেই আমাদের ভাষা আন্দোলন শুরু হয়।

এই আন্দোলন দমনের জন্য পূর্ব-পাকিস্তানের প্রধান মন্ত্রি নূরুল আমিনের আদেশে বাংলার ছাত্র জনতার উপর গুলি বর্ষন ও লাঠি চার্জ করা হয়। বাংলার ছাত্র সমাজ দলে দলে এই গুলি বর্ষন, কাঁদুনে গ্যাস ও লাঠি চার্জ উপেক্ষা ক'রে আন্দোলন চালিয়ে যায়।

অবশেষে ১৯৫২ সালের একুশে ফেব্রুয়ারীতে ঢাকার বর্ত্তমান কেন্দ্রীয় শহীদ মিনার চত্বরের অদূরে পুলিশের গুলিতে ছাত্র নেতা বরকত, সালাম, জব্বার ও রফিকসহ আরো অনেকে মৃত্যু বরন করেন। এই অবিস্মরণীয় ঘটনা এই দিনটিকে অবিনশ্বর গৌরবে গৌরবাণ্বিত ক'রেছে।

শহিদের রক্ত সেদিন বৃথা যায়নি। এই রক্ত তাঁদের চিরস্মরনীয় কোরেছে। এই হত্যা কান্ডের পর সমগ্র দেশ প্রতিবাদ ক'রে এগিয়ে এসেছিল; আন্দোলনের রূপ আরো গুরুতর হ'য়ে প'ড়েছিল। অবশেষে পাকিস্তানের শাসকচক্র পরিস্থিতির গুরুত্ব অনুধাবন ক'রে সিদ্ধান্ত নিয়েছিল বাংলা ও উর্দূ দুটো ভাষাই পাকিস্তানের রাষ্ট্রভাষা হবে। পূর্ব পাকিস্তানের

country and our language can never forget them. Central in our language, the story of their sacrifice will live forever.

After two hundred years of enslavement by the British we found independence in 1947. Pakistan came into being as a country for Muslims and that same year Mohammed Ali Jinnah stood on the soil of Bengal and announced that: "Urdu shall be the one national language of Pakistan." Then began the practice of writing Bengali in an Arabised style. A group of people even tried to create a new composite language made up of Bengali, Urdu, Arabic and Persian. In a word, all manner of ways were devised to destroy our precious Bengali language. After Jinnah's death in 1947 these attempts were temporarily at a standstill. Eventually in February 1952 Urdu's status as the national language was again resurrected. This gave rise to much agitation on the part of patriots. A storm of protest swept the capital and all the country. "We want Bengali as our national language; you cannot snatch away our mother tongue!" These and other slogans woke Bengal's students and the public at large. In this way began our Language Movement.

Reacting to this Language Movement, Nurul Amin, Prime Minister of East Pakistan, gave the order to disperse a crowd of students with a

রাষ্ট্রভাষা বাংলা এইভাবেই আন্দোলনের মাঝ দিয়ে প্রতিষ্ঠিত হয়। আমাদের দেশ বাংলাদেশ, আমাদের ভাষা বাংলা ভাষা আমরা ফিরে পেয়েছি বহু সংগ্রামের মধ্য দিয়ে। পৃথিবীর কোন দেশে নিজের ভাষা প্রতিষ্ঠার জন্য মানুষকে এত রক্ত দিতে হ'য়েছে - এমন কথা ইতিহাসে লেখা নেই। বাংলাদেশের একুশে ফেব্রুয়ারীর ইতিহাস তাই কালের স্বাক্ষর রূপে বিরাজমান থাকবে।

সম্পাদিকার নোট:- 'একুশে ফেব্রুয়ারী' বাংলা ভাষা আন্দোলনের উপলক্ষ্যে মনোয়ারা বাদশার দেওয়া দীর্ঘ বক্তৃতা থেকে এক অংশ। এই বিষয়ের উপর ইহা একটি প্রচলিত বাংলা বক্তৃতা।

baton charge and rifle fire. The students of Bengal came in droves to face rifle fire, tear gas and baton charges, and they continued the Language Movement.

At last in February 1952, in what is now Dhaka's Martyrs' Column Square, facing police bullets, the student leaders, Barqat, Salaam, Jabbar, Rafiq, and others, died. Their momentous sacrifice has made this day glorious in history.

The blood of our martyrs was not spilt in vain that day. They are now immortal. After this massacre the entire nation rose in protest, the Language Movement took a more serious turn. Finally, in view of the situation, Pakistan's rulers declared that Bengali and Urdu would both be national languages. In this way Bengali became the state language of East Pakistan. With much strife we have regained our country, Bangladesh, and our language, Bengali. History has no record of any other people who have had to shed so much of their blood and make such sacrifices for the sake of their language. This is why Twenty-first February will remain a testimony in the annals of Bangladesh.

Editors' note:– 'Twenty-first February' is an extract from a speech given by Monuara Badsha on the occasion of Bengali Language Movement Day. It is in the tradition of Bengali speeches on this subject.

সংকল্প

করবী ঘোষ

(আন্তর্জাতিক মহিলা দিবস উপলক্ষ্যে)

আমি সেই মেয়েটা,
কোলকাতার কংক্রিটের আদরে বেড়েছি,
যৌবনকে সাজিয়েছি
পড়ার বই আর প্রেমের আতিশয্যে।

তারপর এই পাড়ি।
এখন আমার ফুসফুসের জানলায়
বরফের সোঁদা গন্ধ,
আমি এসেছি পৃথিবীর আর এক প্রান্তে।

কেউ কখনো বলেনি -
মানচিত্রের ঠোঁটে কাঁপছে সোয়েটো, চিলি,
নিকারাগুয়া, সত্তরের বাংলাদেশ -
আমারো সত্ত্বা যেখানে ভাষায় বন্দী।

তোমরা আমার বোন,
মা - নাকি ছোট্ট সোনা মনির মতো
জঠরের একাত্মে
নাড়িতে টান দিয়েছো অনেক দিন পরে।

DETERMINATION

Karabi Ghosh

translated by Safuran Ara and Debjani Chatterjee

(For International Women's Day)

I am that girl,
brought up in the love of Calcutta's concrete
        landscape,
my youth decorated
by study books and a surfeit of love.

Then across to this shore.
Now the blinds of my windows
smell of white snow;
I have come to the other side of the world.

No one ever said
that trembling on the lips of the map are Soweto,
        Chile,
Nicaragua, Bangladesh in the seventies -
words fail me and I choke.

You are all my sisters,
my mothers, like my heart's precious ones
you are an intimate part of me,
you have tugged at my strings after a long time.

আমি এসেছি।
আমার চেতনায় দাও নারীর সংকল্প,
আমার তুলিতে দাও
রক্ত ঝরা মায়েদের, বোনদের মুখ।

আর সেই মেয়ে,
যে ঋতুমতী হলোনা কখনো,
ক্যানভাসের বুকে
তাকে যেন করে যাই ইতিহাস।

নামে কি এসে যায় ?

অঞ্জলিকা মণ্ডল

১৯৭১ সালে যখন বাংলাদেশে যুদ্ধ চলছে, তখন আমরা 'মালদায়' এবং আমার স্বামী 'মালদা' হাসপাতালে ডাক্তার ছিলেন। মালদায় থাকার জন্য আমরা কিন্তু যুদ্ধটা বেশ ভালভাবেই বুঝতে পারি।

মাত্র কয়েক মাইল দূরেই বর্ডার, তাই নানা রকম আহত রোগী আসতো মালদার হাদপাতালে। বেশীর ভাগই বুলেট দ্বারা আহত। তবে খুব কষ্ট হতো যখন বাচ্চারা আসতো আহত হয়ে।

তারপর যুদ্ধ যখন ভালভাবে চলছে, মালদার পরিস্থিতিও বদলাতে শুরু করলো। দলে দলে উদ্বাস্তু পলাতকেরা এলো আর তাদের

I have come.
In my sorrow give me the determination of
women,
let me lift
the bloodied faces of mothers and sisters.

And that girl
who never altered,
on the heart of canvas
may I keep painting her a role in history.

WHAT'S IN A NAME?

Anjulika Mandal

translated by Safuran Ara

1971 was wartime in Bangladesh. We were in Maldha at that time and my husband was working at Maldha Hospital. Being in Maldha made us realise what the war was all about. The border was only a few miles away and as a result all types of wounded people came to the hospital. Almost all had bullet wounds. It was very painful to see children too in this condition.

জন্য হলো সরকারী ক্যাম্প। জিনিসপত্রের দাম হ'ল আকাশছোঁয়া। প্রায় প্রত্যেক পরিবারেই আত্মীয় স্বজন, বন্ধু এসে আশ্রয় নিয়েছে, প্রানের ভয়ে দেশ ছেড়ে। সবসময় একটা থম্‌থমে ভাব। কখন যে কি ঘটে যাবে বলা মুশকিল।

আমাদের কোয়ার্টার ছিল হাসপাতালের বহির্বিভাগীয় রোগীর বিভাগ এর উল্টো দিকে। দেখতাম কি বিরাট লাইন সামান্য মাত্র চিকিৎসার জন্যে কত গরীব ধনী ঘরের মেয়ে বৌ ছেলে পুরুষ বৃদ্ধ শিশু অপেক্ষা করছেন।

আমার স্বামী মুক্তিযোদ্ধাদের সঙ্গে জড়িয়ে পড়েন। তাদের জন্য ঔষধপত্র জোগাড় করা, হাসপাতালে ভর্ত্তি করা, সবই করতেন।

আমাদের বৈঠকখানা মুক্তিযোদ্ধা সমর্থনকারীদের একটা কেন্দ্রজাতীয় হয়ে উঠলো। সন্ধ্যার পর বহু তরুণ যুবক এসে জড়ো হতো। কেই সাহস পেতে আসতো আর কেউ সাহস দিতে। কখনো আশা কখনো নিরাশা দেখা দিত ওদের মনে কিন্তু একটা ব্যাপারে সকলেই অটল, 'স্বাধীন দেশে ফিরবো' - বাংলাদেশে।

ইতিমধ্যে কয়েকজন ছোটখাট দোকানও খুলে বসলো বাজারের উপর রুজি রোজগারের চেষ্টায়। সেইরকম একটি ছোট্র দোকানে সারাদিন একটা রেকর্ডের গান চলতো "বাংলাদেশ আমার বাং,লাদেশ"। গানটার মধ্যে দারুণ আবেগ ছিল। আমার ভীষণ ভালো লাগতো। জানতে চাইলাম শিল্পীর নাম। শুনলাম ভদ্রলোকের নাম "অংশুমান রায়", এমন কিছু নাম করা শিল্পী না।

১৯৭১ এর ডিসেম্বরে দেশ স্বাধীন হ'য়ে আন্তর্জাতিক স্বীকৃতি পেল। নাম হলো বাংলাদেশ।

তার কিছুদিন পর আমাদের ছেলে হলো ৭২ এর আগষ্টে। ডাক্তার বাবুর প্রথম ছেলে। বন্ধুবান্ধব অনেকেই দেখা করতে এলেন। সকলেই জানতে চায় ছেলের নাম কি ঠিক হ'লো। আমি একটা নুতনধরণের নাম খুজছিলাম কিন্তু কিছুতেই মন ঠিক করতে পারছিলাম না, কি নাম দেওয়া।

ইতিমধ্যে আমরা কলকাতার কাছে বদলী হ'য়ে এলাম। ছেলের

When the war was in full force the situation in Maldha became critical. Many groups of refugees came and government camps had to be set up for them. The prices of everyday items rose sky high. Relatives and friends left their homeland, seeking new shelters for the sake of their lives. Always there was fearful silence as things could happen at any time.

The Casualty Wing was just opposite our quarter. We could see the long queue waiting for a little treatment – rich and poor, men and women, old and young, all waited.

My husband seriously involved himself with the freedom fighters. He would arrange for their medicines, their hospital admissions and, when necessary, would visit their homes as well. Our living room became a supportive central unit. In the evenings young freedom fighters would get together for mutual support. Sometimes they were full of doubts but they were determined to have an independent country – Bangladesh.

Meanwhile some of them had opened shops in order to earn some money. In one of the small shops they would play a record, the words of its song were: "Bangladesh is mine, Bangladesh". It was a very emotional song and I loved it. I wanted to know the singer's name and learnt that it was Angsuman Roy who was relatively unknown.

বয়স তখন ৬ মাস। আমার শ্বাশুড়ী তো ভীষণ রাগারাগি শুরু করে দিলেন। প্রথম নাতী এখনও আকিকা (নামকরন) করা হয়নি বলে। ববি, জনি থেকে শুরু করে কত নামই সকলে পাঠালো। হঠাৎ আমার মনে হলো অংশুমান নামটা তো বেশ ভালো।

একটা উইক এণ্ড এ আকিকার ব্যবস্থা হলো। দেওর ননদরা সকলেই খুশী, কি সুন্দর নাম, নতুনত্ব আছে। মৌলবীদাদা একটু গুঁইগাঁই করে রাজী হলেন। আর ছেলের নাম ঠিক হলো অংশুমান আহমেদ।

আমার শ্বাশুড়ী বোধ হয় নামটা ঠিক বুঝতে পারেন নি। সন্ধ্যাবেলা হঠাৎ করে আমার ছোট ননদ হাঁপাতে হাঁপাতে এলো জিজ্ঞেস করলো - আমাদের বাবুর নাম অংশুমান তাই না ভাবী ? আমি বল্লাম হ্যাঁ। কেন ? ও বল্লো 'এ' দেখ না - তেতুলতলার দাদী আর গোলামের মা, মার সঙ্গে বসে কথা বলছে। ওরা জিজ্ঞেস করলো - 'তা তোমার নাতীর নাম কি রাখলো আমাদের নাতবৌ ? মা বল্লো "ওসমান" ওরা বল্লো 'খুব ভাল নাম হয়েছে। আল্লা তোমার নাতীকে বাঁচিয়ে রাখুক।"

আমি একটু চুপ করে থেকে বললাম - 'তা তুমি কিছু বল্লে না ? ও বল্লো - ওদের বলে কোনও লাভ নেই। ওরা বুঝবে না।

আমি ভাবলাম তাকে আমার বলা উচিত যে ওটা ঠিক নাম নয়। কাছে গিয়ে ডাকলাম 'মা একবার ভেতরে আসবেন ? একটা কথা বলবো।' উনি ভেতরে এলেন। আমি বললাম 'আপনি নাকি দাদীকে বলেছেন ঝুলনের (ঝুলন পূর্ণিমায় জন্ম তাই ওকে ঝুলন বলে ডাকা হতো) নাম 'ওসমান' ? মা বল্লেন - 'তাইতো সকলে আমাকে বলছে কদিন ধ'রে'। আমি বল্লাম - 'না আপনি ভুল শুনেছেন; ওর নাম 'অংশুমান'। অংশুমান আহমেদ।

মা খানিকক্ষন চুপ করে থেকে বল্লেন "ওটা আবার কি নাম ?" আমি বল্লাম "ওটার মানে হ'চ্ছে সূর্য' মা একটু বিব্রত হ'য়ে বল্লেন 'মুসলমানের ছেলের এ'রকম নাম রাখলে ? আমি বললাম সূর্য আবার হিন্দু-মুসলমান কি ? তাছাড়া সকলেই তো বলেছে খুব ভালো নাম হয়েছে।

'তোর মৌলবীদাদা কিছু বল্লেন না ?' মা জিজ্ঞাসা করলেন। 'না

In December 1971 our country became independent and was internationally recognised by the name of Bangladesh.

Our son was born the following August. The doctor's first son! Friends and relatives came to see us and everyone asked what name we would give him. I was looking for a new kind of name but could not decide on one. At this time we were transferred near to Calcutta. Our son was six months old. My mother-in-law was angry with us because *Akki* (the name-giving celebration) for her first grandson had not been held yet. Starting with Baby and Jhoni everybody sent in suggestions for his name. Suddenly I recalled the name 'Angsuman' which I liked very much. We celebrated *Akki* on a weekend. My brothers-in-law and sisters-in-law were pleased and said, "What a beautiful name, it has a new sound!" The Maulvi (priest) eventually agreed that our son would have the name 'Angsuman Ahamed'.

I suppose my mother-in-law misheard the name. In the evening my youngest sister-in-law came. Very excited, she asked me whether our darling's name was Angsuman or not. I said it was and asked why she was questioning me. She claimed that her mother had been asked by Grandmother from Taltula and Golam's mother: "What name have you kept for your grandson?"

নামের মানে জানার পর কিছু বলেন নি।' আমি উত্তর দিলাম। ইতিমধ্যে আমার ছোট দেওর, ননদরা সকলেই এসে জড়ো হয়েছে, সকলেই বল্লো - 'মা ওটা আমাদের সকলের খুব পছন্দ হয়েছে আর তুমি শুধু শুধু মন খারাপ ক'রে ভাবীকে কষ্ট দিচ্ছ। সকলের পছন্দ হয়েছে জেনে মা আর কিছু বল্লেন না তবে এইটুকু বুঝলাম উনি বিশেষ একটা খুশী হন নি এ নাম করনে।

and she had replied, "Osman"! They replied, "it is a nice name. May Allah grant him long life!"

I was quiet for a moment and then asked her, "Why didn't you say something?" But she said that they would not have understood her if she'd tried.

I knew that I myself had to talk to my mother-in-law and correct her about the name. I went to her and asked, "Did you tell Grandmother that our Zhalun (we had given my son this nickname because he was born during the full moon) is called Osman?" She said, "Yes. In the last few days everyone has been telling me that name." I told her that she had heard wrong – his name was Angsuman, Angsuman Ahamed.

After a short silence she asked what kind of name this was. I told her that it meant 'the sun'. My mother-in-law's face showed her perplexity. She started to say, "The boy is a Muslim and you have given him a ..." but I interrupted her, "It means the sun and the sun has nothing to do with being Hindu or Muslim! Besides, everyone likes it."

She asked whether the Maulvi had said anything about it. I replied that he had not said anything after the meaning of the name was explained to him. All my brothers-in-law and sisters-in-law came together and said, "Mother,

we love the name. Why are you upsetting yourself unnecessarily and upsetting our sister-in-law too?'' After this, my mother-in-law said no more, but it was obvious that she was not too happy about the name.

নিবিড় ভালবাসা

ডলি মন্ডল

নিভৃত প্রাণের ক্ষত, সে যে রক্তের চেয়ে গাঢ়
স্মৃতি নয়, বিস্মৃতি নয়, শুধু ভালবাসা
রং নয়, জল নয়, শুধু ভালবাসা -
                        সে যে রক্তের চেয়ে গাঢ়।

চাঁদ নয়, সূর্য নয়, হৃদয়ের উত্তাপ
ভোলা নয় ভুলে নয় শুধু মনে থাকা নয় -
এ যে হৃদয় ওপড়ানো ভালোবাসা
                        সে যে রক্তের চেয়ে গাঢ়।

DEEP LOVE

Dolly Mondal

translated by the author with the help of Bengali Women's Support Group sisters

This piercing wound of my lonely heart
                        – it is deeper than blood.
This is not a memory, nor is it forgotten,
                        this is only true love
                        – it is deeper than blood.

This is not the moon, nor the sun,
this is the warmth of my precious heart.
This is not forgotten, nor is it despised,
                        this is not merely for keeping in memory.
This passion is from the core of my heart
                        – it is deeper than blood.

হাসি নয়, কথা নয় - এ শুধু সুর নয় -
এ যে আকাশ ভরা ব্যাকুল বারি
কাজল ধোয়া ব্যথিত আঁখি
সে যে রক্তের চেয়ে গাঢ়।

যে মধুমাসে হৃদয় পেয়েছিল আশ্বাস-
এ যামিনীতে আছে শুধু দীর্ঘশ্বাস,
ফুল নয়, লতা নয়, - কানে কানে কথা নয়
এ শুধু তার ছেঁড়া বীনা নয় - এ যে হৃদয়-ছেঁড়া ভালোবাসা
সে যে রক্তের চেয়ে গাঢ়।

This is not a jest, nor a lyric,
this is not merely a melody.
Like cloud-drenched rain
this is my ceaseless weeping
– it is deeper than blood.

Once on a moonlit night, my heart cherished a
hope;
now only pain endures in my heart.
This is not a flower, nor a whisper in a grove,
this is not a vina with torn strings,
this is my torn heart's love·
– it is deeper than blood.

দুই বউ

খুরশীদা বেগম

ইসমাইল সাহেবের দ্বিতীয় স্ত্রী ফারহানা ও প্রথম স্ত্রী লাইকা, একটি ছোট বাড়ীর একটি' ঘরে এরা তিনজন ছেলেমেয়ে নিয়ে বাস করে। আর একটি ঘরে এদের দেবর সেমি মিয়া ও তার স্ত্রী ফরিদা বাস করে। এটা একটি খড়ের চাল ও মাটির ঘর।

কাহিনীটি সকাল ৫-৩০ মিনিট।

TWO WIVES

Khurshida Begum

translated by Debjani Chatterjee

Farhana is the junior wife and Laiqa is the senior wife of Ismail and all three live with their children in one room of a hut. The only other room is occupied by their young brother-in-law Saleem Miah and his lame wife Farida. The hut has an earthen floor and a thatched roof. The scene is inside the hut at about 5.30 am.

ফারহানা’: *[সঙ্কোচের সাথে বল্‌লো]*, আপা, আমি কি পানি আনতে জামু ?

লাইকা: ওহ্ ! প্রত্যেকদিন আমাকে একই কথা জিজ্ঞাসা করো কেন্ ! তুমি ভাল কইরাই জানো যে আমাদের একজনাকে সকালে পানি আনতে যাইতে হইবে। *[ব্যঙ্গ করে বল্‌লো]* আমরা ঢাকা অথবা কোলিকাতায় থাকিনা মেমসাহেব যে আমাদের ঐ বড়লোকি আছে যে কলের পানি পামু। আমি পাশের ঘর থাইকা ফরিদাকে ঘুম থেকে জাগানোর আগেই যাও পানি নিয়া আস।

ফারহানা: সকাল বেলাই কেন্ আমাকে খোঁচা মাইরা কথা কইতেছো।

লাইকা: আমারে রাগাইও না। আমি সাবধান করতেছি আমারে আর জিজ্ঞাসা কইরো না, যাও পানি লইয়া আস।

ফারহানা: কিন্তু এইটাও সত্যি আপা, যে আমাদের স্বামী চায় না যে আমি ঘন ঘন বাইরে যাই। পুকুরের ধারে যুবক ছেলেরা সবসময় ঘোরাঘুরি করে। অনেকসময় তারা আমাকে টিটকারী মারে।

লাইকা: ছি ! ছি ! কি লজ্জা। কে তোমারে কইছে এদের কথা শুনতে ? তুমি মনে কর তুমি খুব সুন্দরী, তাই না ! যখন থেইকা তুমি এই বাড়ীতে আইছো, আমি লক্ষ্য করছি’ তুমি আমার উপর খবরদারী করতেছো, আমি কি বুঝি না ! ভুইলা যাইও না আমি এখনও জীবিত আছি এবং বাড়ীর বড় বউ। আমি যাই বলি তুমি তাঁর কানে লাগাও আর নালিশ কর। আমি ঠিক

FARHANA: *[very hesitantly]* Appa, should I go now to fetch the water?

LAIQA: Oof! Must you ask me the same question every day? You know perfectly well that one of us has to go and fetch it every morning. We don't live in Dhaka or Calcutta, Memsahib, *[her voice is heavy with sarcasm]* to enjoy the luxury of running tap water. Go and get it quickly while I awaken Farida in the next room.

FARHANA: Why are you getting irritated so early in the morning?

LAIQA: Just don't annoy me. I'm warning you! Go fetch it and don't keep asking me about it every time.

FARHANA: But it is true, Appa, that our husband does not like me to go out too much. The young men of the village are always hanging about near the pond. Sometimes they say things to me.

LAIQA: Chhee! Chhee! Shame on you! Who tells you to listen to the shameless ones? You think that you're very beautiful, don't you? Don't think that I don't realise that ever since you came into this house you have been trying to flout my authority.

কইতেছি যে তোমারে তাঁর কাছ থেকে ছাড়াল লমু।

[ফারহানা মলিনভাবে তার দিকে তাকালো, সে তখন কলসিটা কাঁখে তুলে নিল।]

লাইকা: [গজ গজ করতে লাগলো] অলস! কোন কাজেরই না। [বিরক্তের সাথে চিৎকার কইরা কইলো] যে তাকে আনার সময় বলা হইছিল যে সে আমাকে ঘর সংসার ছেলেমেয়ে দেখাশুনার সাহায্য করবে; আসলে সেই পঙ্গু।

ফারহানা; [দরজার কাছ থেকে পরিত্যাগের ভঙ্গিতে একবার পিছনের দিকে তাকালো।]
আপা, আমি কছম কইরা বলতেছি যে আমি জানতাম না যে উনি বিবাহিত। আমার আব্বা আম্মাও আমাকে আগে কয় নাই। উনারা বলছিলেন "ইসমাইল সাহেব এখন থেকে তোমার দায়িত্ব নিবে, এখন থিকা তুমি তাকে সন্তুষ্ট রাখতে চেষ্টা করবা' [কিছুক্ষণ নিস্তব্ধ] এইটা আমারই দোষ যে তাঁকে খুশী করতে গিয়ে আপনাকে অখুশী করতেছি।

লাইকা: তুই তুই ---- [সে ঝাড়ু হাতে নিয়া ফারহানাকে পিছু তাড়া করলো।]

ফারহানা কলসি হাতে নিয়া দৌড়াইয়া পালাইয়া গেল।

Don't forget that I am still alive and I am the elder wife. What I say goes and if you complain in any way to our husband, I'll make sure that he gets rid of you.

[*Farhana looks mutinously at her and then lowers her eyes. She picks up an earthen water vessel in each hand and balances them on her hips.*]

LAIQA: [*muttering under her breath*] Lazy good-for-nothing. [*She raises her voice bitterly*] And to think that he actually told me that he was bringing you to this house so that you could give me a hand with all the housework and help look after the children, Farida being a cripple.

FARHANA: [*She stops at the door and looks back with a resigned expression*] Appa, I swear I did not even know that he was already married. My parents didn't tell me till afterwards. "Ismail sahib will take care of you," they said. "Just please him in every way." [*After a moment's silence*] Is it my fault, Appa, if pleasing him is displeasing to you?

LAIQA: Why you …[*she picks up a broom and rushes at Farhana.*]

[*Farhana runs out with the pots.*]

দুই ডায়রীর ছেঁড়া পাতা

রাশিদা ইসলাম

আমার একজোড়া কন্যা সন্তানকে আমি মনের মত কোরেই গ'ড়ে তুলতে চেয়েছিলাম। এজন্যে আমাকে অনেক সংগ্রাম কোরতে হ'য়েছিল নানান রকম পরিস্থিতির সঙ্গে। এ যুদ্ধে যে সবসময় জয়লাভ কোরেছি তা নয়, কিন্তু আত্মবিশ্বাস হারাইনি। ঠকে গিয়েছি বিভিন্ন সময়ে, কিন্তু হেরে যাইনি। আমি রত্নগর্ভা নাম পেতে চাইনি, বীরমাতা হ'তে চেয়েছি। বড় হ'য়ে একদিন এসব কথা তোমরা নিজেদের বুদ্ধি বিবেচনা দিয়ে বুঝতে পারবে তা আমি জানি।

সোনামনি, তুমি যখন বিজ্ঞানী হ'য়ে ঢাকায় গবেষনার কাজ শুরু ক'রেছিলে, তখন আমি তোমার জন্য কি গর্বই না অনুভব কোরেছি তা তুমি জাননা। বাংলাদেশের খুব কম মা'র এ সৌভাগ্য হয়। তুমি যখন প্রথম বিদেশে গেলে, নিজেকে তখন রোধ কোরতে পারিনি। মনে হ'য়েছিল হৃদয়ের অর্দ্ধেকটা তুমি সাথে নিয়ে গেছ। তবু মনে 'সবুর' দিয়েছিলাম এই ভেবে যে পড়ালেখা শেষ হ'লেই বাংলাদেশে ফিরে আসবে। দিন ব'য়ে যায় কিন্তু তোমার ফেরার চিহ্ন দেখিনা। শূন্য বুক নিয়ে প্রতীক্ষা কোরতে থাকলাম। ডিগ্রী শেষ কোরেও যখন ফিরে এলেনা তখন বুঝতে বাকি থাকলোনা আমার যে তোমরা বিদেশেই ভালভাবে 'আস্তানা' গ'ড়েছ। আমার কোলের কাছের সেই ছোট্ট মেয়েটি তুমি ছিলে, তোমাকে অত দূরে রেখে কিভাবে দিন কাটাবো একথা মেনে নিতে খুব কষ্ট হ'য়েছিল। মনের এ কষ্ট তোমাকে না জানিয়ে নীরবে দগ্ধ ক'রেছিলাম নিজেকে। ওদেশ তোমাদের এত ভাল লেগেছে? আমাদের স্নেহ ভালবাসার কি কোন মূল্য নেই?

TORN PAGES FROM TWO DIARIES

Rashida Islam

translated by the author and Debjani Chatterjee

It was my cherished wish that my two daughters be brought up in the best way possible. In order to do so I have had to overcome many obstacles and make many sacrifices. It was not the case that I was always successful, but I never lost my determination. I was cheated many times, but never admitted defeat. I wanted no acclaim as the mother of paragons, but I did want to be a good mother and to bring up two strong women. In adult life you may reflect on this and will, I know, draw your own conclusion.

Shonamoni, little jewel, you will never guess the tremendous pride that I felt when you became a scientist and began your working life in Dhaka. Few mothers of Bangladesh can enjoy the good fortune that was mine. When you first went abroad I could not bear the separation. It felt as though half of my heart went with you. But I consoled myself that you would complete your higher education and come back to Bangladesh. The years pass and I see no sign of your return. I

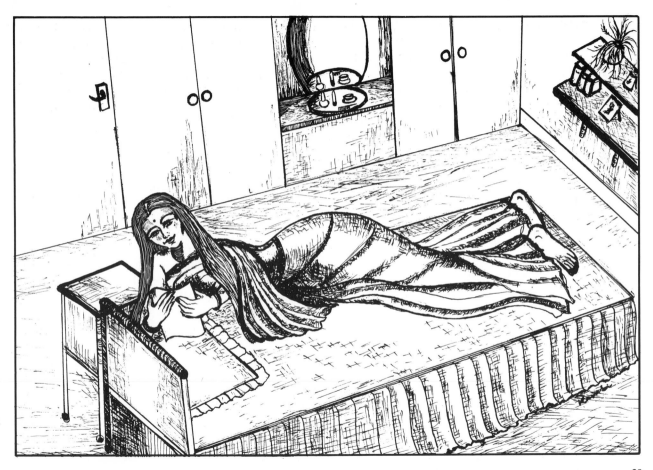

বিদেশের বিশেষ বিশেষ যেসব ঘটনা তোমার জীবনে ঘটেছিল, তার খবরে আমরা আনন্দলাভ কোরেছি বৈকি। স্মরনিয় ঘটনার কথা বোলতে গেলে 'বি.বি.সি.'র 'সাক্ষাৎকার অনুষ্ঠানের' কথা মনে পড়ে। তোমার মা বাবা সম্বন্ধে তোমার অভিমত, বাংলার মা'র তোমার মনে কোথায় স্থান দিয়েছিলে, এসব কথা দেশে ব'সে শুনে আনন্দাশ্রু ঝ'রেছিল আমাদের চোখে, তুমি তা জাননি। ক্ষনেকের জন্য হয়তো তোমার বিদেশে থাকাতে গর্ব অনুভব ক'রেছিলেম। আর একটা দিনের কথা ম'নে পড়ে - সে তোমার ডিগ্রী পাবার পর 'কনভোকেশন' অনুষ্ঠানের দিন। করুন মনে হ'য়েছিল তোমার সে চিঠি প'ড়ে। তোমার এই বিশেষ দিনে তোমার পাশে আমরা ছিলামনা ব'লে তুমি দুঃখ জানিয়েছ, একথা জেনে আমরা চোখের পানি ফেলেছি। এমন দিনে তোমার সাথে কেউ ছিল না একথা ভাবতে কষ্ট লাগে সত্যি কথা, কারণ এসব দিন রোজ রোজ আসেনা। তুমি কষ্ট পেওনা, মনে রেখ মা সন্তানের পাশে চিরদিন ছায়ার মত বিরাজ করে। তোমার সকল সফলাতাই মহান সৃষ্টিকর্ত্তার দান একথা ভুলনা। একদিন না একদিন তোমার কর্মের সুফল ও মূল্য তুমি পাবেই, এ বিশ্বাস হারিও না।

বিদেশে যে জীবনযাত্রা তোমার দেখে এসেছি তাতে মনে হ'য়েছিল তুমি আমার সেই স্নেহান্ধ চোখের জ্ঞানের লক্ষী, গানের লক্ষী আর নও। কিন্তু কেন এমন হ'ল ? জবাব পাইনি। যে মেয়েটি সবসময় গান, কবিতা, বন্ধু-বান্ধবী, আত্মীয় স্বজন নিয়ে মেতে থাকতো, তার এ আর এক রূপ কেন দেখলাম, এ কথা ভেবে অনেক দুঃখ কোরেছি তোমার জন্যে দেশে ফিরে। বিধাতার কাছে অভিযোগ কোরেছি, তুমি কেন হারিয়ে গেছ, ব'দলে গেছ আমার নয়ন মনি ?

* * *

মাগো, তুমি ব'লেছিলে আমাকে তুমি হারিয়ে ফেলেছো নইলে এই পৃথিবীর আর এককোনে প'ড়ে আছি, তোমার সঙ্গে দেখা হয়না কেন ?

keep waiting with an empty heart. When you did not return even though your studies were completed, I realised that you had decided to settle down over there. I remembered the little girl who would sit on my lap, and now to think of you so far away was hard to endure. I suffered this pain in silence, not letting you know. Are you grown so attached to that country? Does our love and affection count for nothing?

We have certainly rejoiced to hear news of your doings from time to time. In particular I recall the time when you were interviewed on BBC Radio. You would not have known that we wept with emotion to hear you speak in that distant land about your parents and their shaping of your life. At that moment I was proud of you and reflected that it must have been good for you to go abroad. Yet another memory lingers in my mind – the day of your degree convocation ceremony. I felt sad on reading your letter. You expressed disappointment that on that special day in your life we could not be present to witness the degree conferment. What a pity that you had to be alone on such an occasion! A day like that comes only once in a lifetime. But do not grieve in your mind, remember that a mother is always with her child, even if it is only in spirit. Never forget that all life's successes are due to the mercy of our Creator.

মাতৃভূমি ছেড়ে বিলেতে আসন গ'ড়েছি বহুদিন থেকে। পরিবর্তনের স্রোতে ভেসে চোলেছি একথা সত্যিই তো! যে আশা আকাংখা ও উদ্দীপনা নিয়ে বিলেতের পথে পা বাড়িয়েছিলাম তার কতটুকুই বা বাস্তবে রূপায়িত হ'য়েছে! মা তুমি যেভাবে জীবনের প্রতিচ্ছবি আমার সামনে ধ'রেছিলে ছোটবেলায়, সেই আদর্শ অনুসরণ ক'রেই তো সংসারের দিনগুলো কাটিয়ে দিচ্ছি নানান প্রশ্নের মুকাবিলা কোরে। 'মমতার চেয়ে বড় পাপ এ জগতে আর নাই' একথা আমার জীবনে এত সত্য হ'য়ে দাঁড়াবে, কোনদিন ভাবিনি। তুমি যেমন আমার জন্য কষ্ট পেয়েছ আমিও তেমনি তোমার জন্য কষ্ট পেয়েছি মনে মা, ডানা ভাঙ্গা পাখীর মত দিন কাটিয়েছি, মুক্ত আকাশের কথা ভেবে অনুতপ্ত হয়েছি, কিন্তু তোমাকে কোনদিনও এ দুঃখের ভাগী কোরতে চাইনি মা! গোপনে কেঁদেছি, রজনী জেগেছি তবুও তোমাকে জানাইনি, পাছে কষ্ট বেশী ক'রে পাও।

ছোটবেলা আদর কোরে কপালে চুমু খেয়ে আশীর্ব্বাদ কোরতে মা যেন ভাগ্য আমার সুখের হয়, এ কথা আজও ভুলিনি। এদেশে আমায় তুমি দেখতে এসে তোমার সে অভিমত পালটে ফেলেছিলে। মাগো, তুমি ভেবেছিলে পাশ্চাত্ত্যের প্রভাবে আমি বদ্‌লে গেছি! আজ তুমি নেই এ ভূবনে, চিরতরে চলে গেছ পরপারে তাই তোমকে না জানানোর কথাগুলো ভেবে আত্মক্রন্দনই আমার সার হ'য়েছে। তোমায় বোলতে ইচ্ছে হ'য়েছিল সেদিন "আমি বোদ্‌লে যাইনি একটুও মা, আমার ভাগ্যই বোদ্‌লে গেছে"। নিজের সন্তানের উজ্জ্বল জীবনের কথা ভেবে আমাকে শক্ত হ'য়ে পরিবর্তন কোরে ফেলতে হ'য়েছিল নিজেকে। সন্তানের জন্য নারীর আত্মত্যাগ এতো তোমারি কথা! তুমিই তো শিখিয়েছিলে সংসারে নিজেকে কি ভাবে মানিয়ে চলতে হয়!

নিঃস্বার্থভাবে এত স্নেহ আর কেউ আমায় কোনদিন কোরবে না এ ত্রিভূবনে এ কথা যত বেশী ভাবছি এখন, তত বুঝতে পারিনি আগে, যখন তুমি এ পৃথিবীতে ছিলে। এ যাতনার শেষ নেই ভেবে যে কেন তোমার কাছে আরো বেশী কিছুদিন থাকিনি। মাগো - স্বদেশে ফিরে যাইনি ব'লে তুমি ক্ষমা করনি আমাকে কিন্তু তোমার ডায়রী পোড়েছি বোলে ক্ষমা

Have faith that some day you must reap the fruit of your labour.

Deeply disappointed, I came away from witnessing your life abroad. In my maternal eyes it is hardly a fit life for my learned daughter to be leading. But how did your life become like this? I could see no answer. The girl who was always so engrossed in music and the arts, always in the thick of friends and relatives – I now saw a very different side to her. It was painful to view you in your present condition. I reproach God with having lost you to me, you have changed so greatly, my own precious one.

* * *

Maa, you said that you had lost me – otherwise why do we live in two corners of the world and not meet? I left my motherland and came to Britain many years ago. It is true that I have swum with the tide of circumstances. What fulfilment have I seen of the many expectations with which I travelled to this land? Maa, the ideas that you held up before me in my childhood, those are still the principles that govern my life in all its dilemmas. There is no greater sin than attachment

কোরো। তোমার মনের কথা জানতে পেরে নিজেকে আরো অপরাধী মনে হ'চ্ছে।

মাগো, তোমার কাছে ঋণী আমি একথা বিনা দ্বিধায় স্বীকার কোরছি। যদি কোনদিন কিছু দিয়ে থাকি তোমাকে, মনে কোর সে তোমারই দেওয়া জিনিস ফিরিয়ে দিয়েছি তোমাকে। আমার স্বার্থকতা সে তোমারই স্বার্থকতা মা! জীবনের অসীম আনন্দের দিনেও তোমার সন্তান তোমার জন্যে আনন্দের আঁখিজল ফেলে সেকি তুমি দেখতে পাও? এই যে সেদিন এখানের এই চরম বর্ণ বিদ্বেষের মধ্যেও একটা শিক্ষকতার চাকরী পেয়ে গেলাম অপ্রত্যাশিত ভাবেই - সেই মুহূর্তে তোমার হাসিমুখের কথাই মনে হ'য়েছিল! নারী স্বাধীনতার সপক্ষে তুমি চিরদিন অভিমত জানিয়েছ তাই এসব ক্ষনে তোমারি ছবি দেখতে পাই হৃদয়ে। তুমি আজীবন অদৃশ্য পথ প্রদর্শক হ'য়ে বিরাজ কোরবে আমার মনে। চলার পথে তোমার আশীর্বাদের আশায় চিরদিন তোমার সন্তান প্রতিক্ষা কোরবে মা!

I little knew that this would emerge as a profound truth in my life. Maa, I have suffered the same mental anguish on your behalf that tortured you on my account. My existence has been that of a bird with broken wings who stares up at the freedom of the sky, but this was not a sorrow that I wanted you to share. In secret I wept sleepless nights, but I did not let you know so as not to hurt you.

In my childhood you would bless me, kissing my forehead – I always remember this.

When you came to visit me in this country, your views underwent some change. Maa, you concluded that, under the influence of the West, I was somehow transformed! Now that you are no longer alive, having made your final journey, I can at last break my silence and tell you my many thoughts which had to remain unspoken. I had longed to tell you, ''I have not changed at all, Maa. It is my destiny that has changed.'' Thinking of the future and the wellbeing of my own child has meant that I have had to harden myself. A woman's life is to sacrifice herself for her child – these were your words after all! It was you who taught me that one must adjust to life!

No one else will love me in the same selfless and undemanding way, I realise this now but was not conscious of it when you were still alive.

This painful thought is never ending – why did I not stay with you a little longer? Maa, you did not forgive me for not returning home. But please excuse me now for reading your diary – learning your secret thoughts, I feel even more guilty.

Maa, I am eternally in your debt – this I acknowledge. If I have ever been able to give you anything at all, please consider that it is your own property that I returned to you. Any success of mine is your achievement. Even on the happiest days of my life, your daughter has wept tears of joy – do you still see this from where you are? Even in these times of facing racism I was able to find a teaching post. It happened in an incredible way and at that very moment I remembered your smiling face. You have always supported women's independence, that is why you are ever present in my mind's eye. You will always remain my invisible guide. Your daughter will always await your blessings at life's every turn.

অর্চনা

চন্দ্রা গাঙ্গুলি

জীবনে কোন কিছু শুরু করাটাই মনে হয় সব চাইতে কঠিন কিন্তু মনে জোর নিয়ে কোন কাজ শুরু ক'রে ফেল্‌লে সেটা ঠিকই গিয়ে শেষ সীমানায় পৌঁছে যায়। এই লেখা শুরু করাটাও আমার কাছে বড়ই শক্ত মনে হ'চ্ছে, আবার ভাবছি পারব না কেন? জীবনে তো অনেককিছুই কোনদিনও করিনি কিন্তু এখন কোরছি, আরও হয়তো ভবিষ্যতে অনেককিছু কোরবো বা করার আছে।

আমি মহিলাদের জীবন নিয়ে লিখতে পছন্দ করি কারণ এশিয়ার মহিলা ও পাশ্চাত্য দেশের মহিলাদের জীবনের কোথায় যেন একটা মিল র'য়েছে। ভাবলাম অর্চনার জীবন নিয়ে কিছু লিখলে, অন্যান্য মহিলাদের জীবনের ছবিও তার ভেতর দিয়ে তুলে ধরা যাবে।

আমার বাল্যকালের বান্ধবী ছিল অর্চনা, ছোট থেকে একসঙ্গে বড় হ'য়েছি। অর্চনার চরিত্রের মধ্যে সবসময়ই একটা দিক লক্ষ্য কোরতাম যে ওর মনের মধ্যে সর্বদাই উচিত, অনুচিত নিয়ে একটা দ্বন্দ ছিল। বাড়ীতে অনেক সময় অনেক কিছুকে সে মেনে নিত কিন্তু আমাদের বোলতো, 'পুরুষরা যা ইচ্ছা তাই কোরতে পারে, মেয়েরা পারেনা।' যাহোক এভাবেই অর্চনা বড় হ'তে লাগলো, অন্যান্য মেয়েদের মত স্কুল ছেড়ে কলেজে প'ড়তে শুরু কোরলো। মা-বাবার চিন্তা শুরু হ'য়ে গেল অর্চনাকে বিয়ে দেবার জন্য। হঠাৎ ক'রে বিয়ে ঠিক হ'য়ে গেল, তারা কেউ অর্চনার মতামত জিজ্ঞাসা করার প্রয়োজন মনে কোরলোনা। পাত্রপক্ষরা যখন অর্চনাকে দেখতে আসবে, তখনই কেবল অর্চনা এ সম্বন্ধে অবগত হ'ল।

বিয়ের পর অর্চনা শ্বশুর বাড়ীতে চ'লে গেল। অর্চনা ভাবলো, অবশেষে বিবাহিত মহিলা হিসাবে সে কিছু স্বাধীনতা অর্জন কোরবে। তার

ARCHANA

Chandra Ganguli

translated by Dolly Mondal

Starting something for the first time in life is very difficult, but once you begin with determination you can reach your goal. I find it very hard to start writing, but then I consider, "Why can't I write? There are so many things in life that I have done which I never thought I could do. I may still do many more things in the future."

I like writing about women because I find that there are many similarities in the lives of Asian and Western women. I thought if I write about Archana, it might strike a chord in other people.

Archana is my childhood friend, we grew up together. I always noticed that she had some conflict in her mind about what is right and what is wrong in life. Sometimes she was compelled to accept many things at home, but she would tell us: "Men can do whatever they like, we can't." Anyhow, Archana reached adulthood and went to college like other girls.Her parents were now concerned about her marriage. All of a sudden

বদলে শ্বশুর বাড়ীতে সে দেখলো আর এক নিয়ম বাঁধা নতুন জীবন। কিন্তু তার স্বামী শৈবালের সম্পূর্ণ অন্য জীবন, সে স্বাধীন, বন্ধু বান্ধব ও ক্লাব নিয়ে ব্যস্ত। অর্চনার মনের দ্বন্দ বাড়তে লাগলো, কিন্তু সংসারের সুখ, শান্তির কথা চিন্তা ক'রে এভাবেই সে জীবন কাটাতে লাগলো।

সাতবছর কেটে গেল আর বাড়ীর প্রত্যেকেই অর্চনাকে ভালবাসতে শুরু কোরলো। এই সাত বছরে অর্চনা, দু'টো সন্তানের মা'ও হ'য়ে গেল। এরমধ্যে শৈবালও তার কাজ কর্মের মধ্য দিয়ে ব্যস্ত হ'য়ে গেল। বেশ কিছুদিন ধ'রে বিদেশে যাবার জন্য শৈবাল চেষ্টা ক'রছিল, হঠাৎ একদিন শৈবাল অর্চনাকে জানালো, তাকে দু'মাসের মধ্যে লণ্ডনে যেতে হবে। শৈবাল বিদেশে গিয়ে নিজের আস্তানা ঠিক ক'রেই অর্চনা ও বাচ্চাদের নিয়ে যাবে কথা রইলো। অর্চনা মনে মনে খুব খুশী হ'ল - সে ভাবলো বিদেশে গেলেই সে পাশ্চাত্যের মহিলাদের মত স্বাধীনভাবে তার বহু আকাংখিত স্বাধীন জীবন যাপন কোরতে পারবে।

শৈবাল বিদেশে চ'লে গেলে তার কিছুদিন পর অর্চনা তার দু'টো শিশুকে নিয়ে বিলেতে এল। এই প্রথম একা একা তার ভ্রমন করা, একটু ঘাবড়িয়ে গিয়েছিল বৈকি। প্রতিটি জিনিসই তার নতুন লাগছিল, শৈবাল যদিও তাকে সাহায্য কোরছিল তথাপি ইংরাজী ভাষা বুঝতে তার খুবই কষ্ট হ'চ্ছিল।

প্রথম একমাস অর্চনা বাজার, দোকান ও ডাক্তারখানায় একা যেতে ভয় পেতো। কিন্তু সে সংকল্পবদ্ধ হ'ল এবং ইংরাজী ভাষা শেখার ক্লাসে ভর্ত্তি হ'য়ে গেল। এখানের স্কুল দেশের স্কুলগুলোর চেয়ে আলাদা। অর্চনা সবসময়ই মেয়েদের স্কুল ও কলেজে প'ড়েছে, কিন্তু এখানে ছেলে মেয়ে একসাথে পড়ে। শিগ্রিই সে শৈবালের সাহায্য খুব একটা প্রয়োজন মনে কোরলোনা।

বাচ্চারা আস্তে আস্তে বড় হ'য়ে উঠলো, অর্চনা ঠিক কোরলো সে এখন নিজে স্বাধীনভাবে কিছু কোরবে যাতে অন্য এশিয়ান মহিলাদেরও সাহায্য কোরতে পারে। ভাগ্য ভাল, অর্চনা একটা চাকরী পেয়ে গেল, কিন্তু শৈবাল খুব একটা খুশী হ'লনা, অর্চনার চাকুরীতে সম্মতি জানাতে। অর্চনা

they arranged her wedding – they did not even think it necessary to inform her. Archana came to know only when she had to appear before the groom's family.

After marriage, Archana went to live in her in-laws' house and thought that, at last as a married woman, she would have some independence. Instead she found that in her in-laws' house different rules hemmed her in. But her husband, Saibal, had freedom and enjoyed the company of his friends in the club. Archana's frustration grew, but at the same time she outwardly accepted her new way of life for the sake of the family.

Seven years passed and everyone grew to like her. She was now the mother of two. Saibal was very busy with his job, though he was also trying to emigrate. The day came when he told Archana that within two months he would be going to London. He also said that he would love to have her and the children join him there, once he was settled. Archana was very glad – she thought that once she went there she would have all the freedom she wanted, just like Western women.

After a while she and her children followed Saibal. It was the first time she had travelled alone and she was quite nervous. Everything seemed

‘বাঙ্গালী মহিলা সাহায্যকারী সংস্থাতেও’ যোগদান কোরলো। এই গ্রুপের প্রত্যেকেই বাংলায় কথা বলে আর তাদের কাজ হ’ল অন্যান্য মহিলাদের চাকুরীর ব্যাপারে সাহায্য করা। কোন কোন সময় তারা সামাজিক অনুষ্ঠানের আয়োজন করে, খাওয়ার ব্যবস্থা করে এবং ধর্মীয় ও অন্যান্য উৎসব উৎযাপন করে। এখন অর্চনা খুব ব্যস্ত আর শৈবালও এটা মেনে নিয়েছে।

অর্চনার চাকুরীটা হ’ল ‘সোস্যাল’ এবং ‘কমিউনিটি’র কাজ। তারজন্য এ চাকরীটা একটা নূতন অভিজ্ঞতা স্বরূপ। এদেশে আসার আগে অর্চনা ভেবেছিল এখানে যারা বাস করে তারা স্বাধীন, কিন্তু এখন দেখতে পাচ্ছে যে এখানেও বহু এশিয়ান মহিলারা র’য়েছে যাদের জীবন সীমা বাঁধা গণ্ডির ভেতর।

এই চাকরীর ভেতর দিয়ে সাদা, কালো সব ধরনের মানুষকেই অর্চনা জানতে পারছে, এবং দেখতে পাচ্ছে যে এখানেও মেয়েদের আর পুরুষের জীবনের মধ্যে একটা পার্থক্য বিরাজমান।

অনেক এশিয়ান পরিবার আছে, যারা মেয়ের মত না নিয়েই বিয়ের অনুষ্ঠান, সবকিছুর দায়িত্ব পালন কোরছে। অনেক মহিলাও আছে যারা স্বামীর কথা উপর মতামত প্রকাশ করার অধিকার থেকে বঞ্চিত। পুরুষরা ঠিকই স্বাধীন ও মুক্ত জীবনের আনন্দে ঘুরে বেড়াচ্ছে।

অর্চনা নিজেকে অনেক পরিবর্তন ক’রে ফেলেছে, তার দৃষ্টিভঙ্গি, চিন্তাধারা অনেক বোদলে গেছে। সে তার মেয়ে ও ছেলেকে সমানভাবে স্বাধীনতা দিয়েছে। অন্যান্য এশিয়ান মহিলাদের নিজের পায়ে দাঁড়ানোর জন্য সে পূর্ণ উৎসাহ ও প্রেরনা দিয়েছে। সে বুঝিয়েছে যে, সংসার, সন্তান থাকলেও শুধু ঘরে থাকার জন্যই তাদের জন্ম হয়নি, অন্য ভূমিকাও তাদের আছে। এশিয়ান কর্মি হিসাবে তাকে বেশ কিছু বিশিষ্ট অসুবিধাজনক সমস্যার সমাধান কোরতে হয় - যদিও এগুলো তার কাজ নয়, তাকে প্রায়ই ভাষায় যাদের অসুবিধা তাদের সাহায্য কোরতে হয় ‘ইণ্টারপ্রিটার’ হিসাবে। অফিসে এসব নিয়ে বেশ দ্বন্দ চলে। ‘বাঙ্গালী মহিলা সাহায্যকারী সংস্থা’ও এইসব ভাষাগত সমস্যায় যারা ভুগছে, তাদের সাহায্য করে।

new and it was really hard for her to understand the English language, though Saibal helped her.

In the first few months she was a little afraid to go by herself to the shops, to the doctor, etc. But she was determined and had joined an English language class. The class was also different from classes back home. She had always attended a girls' only school and college, but here it was co-educational. Soon she needed less of Saibal's help.

The children were growing up. She decided that she had to do something now for herself and also help other Asian women. She was fortunate to get a job, but Saibal was not too happy about allowing her to work. She also joined the Bengali Women's Support Group. Everyone in this Group speaks in Bengali and their main aim is to help Bengali women to find employment. Sometimes they organise social entertainment and food and celebrate religious and other festivals. Now Archana is very busy and Saibal has also accepted this.

Archana is doing social and community work. This job is a new experience for her. Before coming to this country she thought that those who live here have their independence, but now she can see that there are many Asian women here for whom this is not so. Archana came to know both black and white people through her job, and she

অর্চনা তার নিজের এতসব অসুবিধা সত্বেও খুশী এ বিষয়ে, এখনও সে অন্য মহিলাদের সাহায্য কোরতে পারে।

অল্পবয়সী মেয়েরা ও মহিলারা এখন নানান রকম কাজে এগিয়ে আসছে, মিটিং এ যোগদান কোরছে, ইংরাজী শিখছে, ব্যাঙ্কে 'অ্যাকাউন্ট' খুলছে এবং নানা ধরনের ট্রেনিং নিচ্ছে। এদের সাহস ও, মনের বল দেখে অর্চনা খুশী হয়। এশিয়ান মহিলাদের চাকরীতে সমান অধিকার পাওয়ার ব্যাপারে অর্চনা খুব চেষ্টা করে, এবং সে জানে চেষ্টা না কোরলে মহিলারা চাকুরী না পেয়ে নিরাশ হবে।

শিক্ষা বিভাগ কিছু 'উইকেণ্ড ট্রেনিং সেশনের' ব্যবস্থা করেছে, এই ব্যবস্থা চাকুরী পাওয়ার ব্যাপারে সাহায্য করে ও সাক্ষাৎকার অনুষ্ঠানের প্রয়োজনীয় বিষয়ে প্রচুর জ্ঞান লাভ করার সহায়তা করে। বাঙ্গালী মহিলা সাহায্যকারী সংস্থা মহিলাদের ও অল্পবয়সী মেয়েদের এই ব্যবস্থায় যোগদান করার জন্য উৎসাহ দেখায় কিন্তু তারা এই সুযোগ নিতে অনেক সমস্যার সম্মুখীন হয়। কিছু কিছু সুন্দর দৃশ্যের জায়গায় যাবার জন্য ব্যবস্থা করা হয় এবং বাড়ী থেকে অনেক দূরে, সন্তান ও প্রতিদিনের ছকে বাঁধা জীবন থেকে দূরে স'রে যাওয়া, মহিলাদের জীবনের এই অভিজ্ঞতায় এনে দেয় নির্মল আনন্দ।

কখনও কখনও অর্চনা এশিয়ান মহিলাদের বাড়ীতে গিয়ে তাদের সামাজিক সমস্যার সমাধান করে - অনেক মহিলারা তাদের নিজেদের পরিবারের সমস্যার কথা, শারিরীক ও মানসিক অত্যাচারের কথা অন্যের কাছে প্রকাশ কোরতে চায়না। কিন্তু অর্চনা তাদের সাহায্য কোরতে চেষ্টা করে, ওদের বুঝিয়ে বলে যদি তারা অর্চনার কাছে সব খুলে বলে ও একমত হয় তাহলে অর্চনা তাদের সব রকম সাহায্য কোরতে পারে। অনেক পুরুষরা তাদের স্ত্রীকে একা বাইরে যেতে দিতে চায়না ও অনেকের সাথে মিলেমিশে দল গঠন কোরতে দিতে চায়না, তারা অনুমান ক'রে ভয় পায় এই ভেবে যে একদিন তাদের দাপট শেষ হ'য়ে যেতে পারে।

ইংরেজ 'সোস্যাল ওয়ারকার'রা প্রায়ই এশিয়ান মহিলাদের এসব অসুবিধার কথা বুঝতে পারে না। অর্চনাকে অনেকসময় তর্ক কোরতে হয় তাদের সাথে এসব নিয়ে, নিজে সে একা বাঙ্গালী মহিলা, 'কাউন্সিলের' যে

can now see that there are different standards for men and women in this country too.

There are many Asian families here who do not feel obliged to seek their daughters' agreement when arranging their marriage. There are also women who are not allowed to contradict their husband in any way, while men still enjoy their traditional freedom.

Archana herself has changed a lot and has a different view of life now. She tries to give her son and daughter similar freedom. She gives other Asian women her full support and encouragement to stand on their own feet, telling them that their role is not only to stay at home with their children, but, chameleon-like, to adopt other roles as well. As an Asian worker she encounters some special problems in her work. Though it is not her job, she is often called upon to assist people with language problems and this gives rise to some conflict in her office. People with language problems are also helped by the Bengali Women's Support Group. Archana is glad that, in spite of her own difficulties, she is still able to assist other women.

Young Asian girls and women are now joining in various activities, attending meetings, learning English, opening bank accounts and enrolling on training courses. Archana is happy to see their courage and determination. She is trying

‘পলিসি’ তার বিপরীতে কথা বোলতে হয়। তার নিজেকে সঙ্গীহীন মনে হয় বিশেষ ক’রে এই অবস্থায়, যখন তাকে কেউ কেউ ভিতর থেকে সমর্থন করেনা এ বিষয়ে, কিছু সাদা সহকর্মিরা যদিও তার মনের উদ্বেগ বোঝে। সৌভাগ্যবশতঃ বাঙ্গালী মহিলা সাহায্যকারী সংস্থা বাইরে থেকে অর্চনাকে সমর্থন করে ও উৎসাহ দেয়।

এশিয়ান মহিলাদের জীবনের সব কিছু কষ্টকে মেনে নেওয়া দেখে অর্চনাও কষ্ট পায় তাদের সাথে সাথে। তাকে বহু সময় এদের পেছনে দিতে হয় এবং প্রতিদানে তারা অর্চনাকে খুব বিশ্বাস করে ও তাদের সবকথা খুলে বলে। ভাষা না জানার জন্য, তারা প্রায়ই ডাক্তারের কাছে হসপিটালে গিয়ে সবকিছু খুলে বোলতে পারেনা, কিন্তু সরকার সবকিছু জেনেও এ বিষয়ে যথেষ্ট গুরুত্ব আরোপ কোরছে না।

অনেক মহিলা আছে যারা স্বামীহারা, ছোট ছোট সন্তানের মাতা। তাদের নিজেদের কোন টেলিভিশন নেই বাড়ীতে, বাচ্চারা স্কুল থেকে ফিরে এলে খেলার জন্য কোন খেলনা নেই। এই সমস্ত মহিলাদের দায়িত্বে অংশ নেবার কেউ নেই এবং তারা ইংরাজী ভাষায় কথা বোলতে পারেনা ব’লে সোস্যাল ওয়ারকারের কাছে যেতে ভয় পায়। যাতায়াতের অসুবিধার জন্য পুণরায় একই অবস্থা, প্রতিবেশীর জন্য অপেক্ষা করে থাকে, ডাক্তারের কাছে নিয়ে যাবার জন্য। অনেক সময় বাচ্চারা অসুস্থ হ’য়ে পোড়লে, অল্পবয়সী এশিয়ান মেয়ে যে ইংরাজী বোলতে পারে, তাকে নিয়ে মহিলারা ডাক্তারের কাছে যায়। কিন্তু মহিলাদের নিজেদের মেয়েলী অসুখের ব্যাপারে তারা খুলে বোলতে লজ্জা পায়, ফলে অনেক সময় তাদের এ নীরবতা মৃত্যুর মুখে ঠেলে ফেলে।

অনেকসময় পুরুষ মানুষরা যুবতী বিধবাদের সাহায্য কোরতে আসে। কিন্তু প্রায়ই দেখা যায় তাদের উদ্দেশ্য ভিন্ন। সে উদ্দেশ্য যদি সফল না হয় তখন তারা নানাভাবে মহিলাদের বিরক্ত করার চেষ্টা করে। এসব দেখে অর্চনার মন কঠিন হ’য়ে যায়, অর্চনা ভাবে এই সেই মহাদেবের সৃষ্টি করা পুরুষ, যে নারীকে মা’র আসনে জায়গা দিয়েছিল, আর তাকে মাথায় স্থান দিয়েছিলো ? কিন্তু এসব অভিজ্ঞতা থেকে অর্চনা দৃঢ় প্রতিজ্ঞাবদ্ধ হয়,

very hard to promote equal employment opportunities for Asian women, knowing how discouraging it would otherwise be for them. The Bengali Women's Support Group encourage women and young girls to attend weekend training sessions, the objective being to help gain employment and handle interviews, but some of them have difficulty in taking up these opportunities. Some beautiful scenic locations are chosen and at these places – away from home, children and the daily pressure of life, women find great enjoyment in these experiences.

Archana sometimes visits Asian women in their own homes to help solve their social problems – many Asian women do not want to talk to others about their family problems and the physical and mental abuse that they suffer. But Archana tries to help, she explains the assistance that they can get from statutory authorities if they will be open and co-operate with her. Many men do not want their wives to go out on their own or to organise themselves in a group, they are fearful of the thought that one day they may lose their dominance.

English social workers often don't understand the difficulties that Asian women face. Archana sometimes has to argue with them about this, as well as being the sole Bengali woman's

মহিলাদের পূর্ণ স্বাধীন জীবনের সংগ্রামে এগিয়ে চ'লতে। সে বিশ্বাস করে যে, একদিন পৃথিবীতে নারীরা নিজেদের পরিচয়ে পরিচিত হবে, বহু সময় ও পরিশ্রমের দরকার শুধু।

পাশ্চাত্য দেশেও মহিলারা অনেকদিন ধ'রে সংগ্রাম ক'রে তাদের নিজস্ব স্বাধীনতা পেয়েছে। এখনও কিছু সংখ্যক সাদা মানুষ বিশ্বাস করে মেয়েদের স্থান রান্নাঘরে, কিন্তু নিঃসন্দেহে এদেশের মেয়েদের অনেক স্বাধীনতা আছে। তারা যেকোন সময়ে স্বামীকে পরিত্যাগ কোরতে পারে, কিন্তু অনেকসময় অনেকেই আছে যারা দাবী ক'রে, অত্যাচার সহ্য ক'রে জীবন কাটিয়ে দেয়।

এশিয়ান মহিলারা সবসময়ই প্রথমে সমাজ, সংস্কৃতি এসবের কথা চিন্তা করে; কিন্তু আমরা যদি আমাদের ভবিষ্যৎ, অধিকার, স্বাধীনতা প্রতিষ্ঠিত কোরতে চাই, তাহলে আমাদের এসব চিন্তা ভুলে যেতে হবে। পুরুষদের মনে করা উচিৎ যে নারীদের নিজস্বতা আছে এবং তাদের নিজেদের স্ত্রী ও অন্য নারীদের প্রতি সম্মান প্রদর্শন করা উচিৎ। সংসারের সুখ শান্তি সবকিছুই নির্ভর করে স্বামী স্ত্রীর বোঝাপড়া ও বন্ধুত্বের উপর। পৃথিবীর সবকিছু বোদ্‌লে যাচ্ছে এবং এর সাথে সাথে আমাদের জীবনের ধারাও পালটাচ্ছে। আমাদের, নারীদের পরিবর্তিত হ'তে হবে, তা না হ'লে পুরুষরা প্রতিপত্তির সুযোগ নেবে।

আমার বান্ধবী, অর্চনা, অন্যান্য মহিলাদের মনে এসব উন্নত ধারনার বীজ রোপন ক'রে চলে। মহিলাদের নিজেদের সংসার জীবন সুষ্ঠুভাবে পালন করা উচিৎ, কিন্তু নিজেদের নিজস্ব পরিচয়ের কথা মনে রাখা দরকার। অর্চনা এশিয়ান মহিলাদের পরিবর্তন হওয়া দেখে মনে আনন্দ পাচ্ছে। শৈবালও তার কাজ ও মহান উদ্দেশ্যকে সমর্থন করে। এতে অর্চনা সুখী ও গর্বিতা। সে ভাবে আজ না হোক দশ বছর বাদে সংসারের বহু পুরুষ মানুষ এবং সমাজ, নারীর যে একটা নিজস্ব পরিচয় আছে তা মেনে নেবে। বর্ত্তমানে অনেক কিছুই করনীয় আছে এবং অর্চনার জীবনেও সেই পরিবর্তনের স্রোত এসেছে।

voice within the Department to raise policy issues with the City Council. She feels particularly isolated as there is no one internally to support her in these matters, though there are some white colleagues who do understand her tensions. Fortunately there is always the external support and encouragement of the Bengali Women's Group.

Asian women seem resigned to their misery and life's suffering, and Archana feels their sorrow keenly. She devotes herself to Asian women and in return they trust her and speak to her with complete frankness. Typically, they often cannot express themselves to doctors in hospitals, but the Government pays no attention to this.

There are many widows who speak no English who have small children. They don't own any television at home and when their children return from school they have no toys to play with. Such women have no one to share their responsibility with them and they are afraid to go to social workers because they cannot speak English. Due to communication difficulties again, they wait for neighbours to take them to the doctor, and sometimes when their children are ill they take with them young Asian girls who do speak English. But when their own problem arises, perhaps some female condition, they feel too

embarrassed to mention it, so that sometimes their silence can result in death.

Sometimes men offer help to young widows, but often have wicked motives. When they cannot persuade such women to comply with their evil designs, they continue to harass them. Seeing such things has hardened Archana. She thought of how Lord Shiva honoured women, calling them 'Mother', and gave them a place at his head – how then could men, creations of the same God, do such nasty things to women? But these experiences have also strengthened her resolve to help disadvantaged women. She believes that some day women will have their own identity in the world, it is only a matter of time and hard work.

In Western nations too women had to fight to win their own rights. There are still a few white people who consider that a woman's place is in the kitchen, but undoubtedly Western women do have more freedom. They can leave their husbands at any time, but sometimes they too endure their whole lives without protesting against abuse.

Asian women always consider first their own background, culture and society; but if we want to establish our own future and our rights, including the right to freedom, we must forget

such thoughts. Men too should realise that women have their individuality and should learn to respect their wives and other women. Happiness depends upon understanding and friendship between husband and wife. The world is changing and with it our life-styles. We women need to change our attitude to life, otherwise men will continue to take advantage of us.

My friend, Archana, is introducing these progressive ideas to other women. Women should look after their families, but never lose sight of their own identity. Archana can already see some changes in Asian women and it gladdens her. Saibal also appreciates her work and its noble motive. This makes Archana happy and proud. She realises that she may have to wait another decade or so, but women will eventually claim their own identities. For now, there remains much more to be done and changes are coming into her life too.

আমার কর্মস্থান সা.ফ্.টে

অণিমা তামূলী

ইংল্যান্ডে আমি আজ অনেকদিন হ'ল স্বামী এবং দুই ছেলে মেয়েকে নিয়ে বসবাস করছি। এদেশে এসে প্রথমে আমার অন্যান্য বোনদের মত আত্মীয় স্বজন সকলকে ছেড়ে এসে এখানে থাকতে খুবই খারাপ লাগত। ছেলে মেয়ে জন্ম হওয়ার পর ঘর সংসার স্বামী এবং ছেলেমেয়েদের দেখাশোনা ক'রতে ব্যস্ত হ'য়েছিলাম। তবে বাইরের জগতের সঙ্গে যোগাযোগ খুবই কম হ'ত তাই মনটা খুবই চঞ্চল হ'য়ে উঠত মধ্যে মধ্যে। স্বামীর প্রেরণা এবং সহযোগীতায় আমি অনেক সাহস ক'রে নানারকম ট্রেনিং নেওয়ার মাধ্যমে ইংরেজদের এদেশের রীতি নীতি, আইন-কানুন, ধর্ম-ভাষা, সঙ্গীত-কলা ইত্যাদি সম্পর্কে জানতে পারলাম। ছেলেমেয়েরা স্কুলে যাওয়া আরম্ভ করার পর বাড়ীতে ব'সে বেশ নিঃসঙ্গ লাগত। চাকরীর সন্ধানে বের হলাম। বিভিন্ন রকম চাকরী ক'রে অনেক অভিজ্ঞতা অর্জন করলাম। কিন্তু আমাদের সমাজে আমার কিছু কাজ ক'রতে ইচ্ছে হ'ত যাতে এদেশে আমার মা-বোনদের কিছু সাহায্য হয়। "বেঙ্গলী উইমেন্স্ সাপোর্ট গ্রুপের" বন্ধুরা "শেফিল্ড এসোসিয়েশন ফর্ দি ভলেণ্টারী টিচিং অফ্ ইংলিশ" সংস্থার সঙ্গে আমার পরিচয় ক'রে দেয়। সহজে এই সংস্থাকে সা.ফ্.টে বলা হয়।

সা.ফ্.টে ভলেণ্টিয়ার গৃহ শিক্ষিকার ব্যবস্থা করে। এদেশে যে সব মেয়েদের ইংরেজী ভাষা মাতৃভাষা নয় তাদের নানা কারণে যেমন অসুস্থ শরীর অথবা ছোট ছোট ছেলেমেয়ে বাড়ীতে থাকার জন্য ইংরেজী ক্লাসে যাওয়া সম্ভব হয় না, তাদের জন্য সা.ফ্.টে বাড়ীতে ইংরেজী শেখাবার ব্যবস্থা করে। এই গৃহশিক্ষা বিনা পয়সায় দেওয়া হয়। বাড়ীতে ইংরেজী শেখবার জন্য অনেক মহিলা অপেক্ষা

SAVTE, MY WORKPLACE

Anima Tamuli

translated by Rehana Chaudhury and Debjani Chatterjee

I have been living in Britain for a long time with my husband, son and daughter. When I first came here from India I had left all my friends and relatives behind and, like other expatriate sisters, I felt very lonely. With the birth of my children I became busy in household work. I had little contact with the outside world and this made me quite restless. So, with my husband's encouragement, I underwent some training programmes and learnt what I could about English customs, laws, religion, language and culture. When my children were at school I felt both lonely and bored at home, and decided that I would go to work. I tried a variety of jobs and gained valuable experience. But I was also keen to do work that would directly benefit my Bengali sisters living in Britain. Friends in Bengali Women's Support Group introduced me to the Sheffield Association for the Voluntary Teaching of English or SAVTE.

SAVTE offers English tuition to non-English speaking women who, because they have small children at home or are ill or disabled, are

ক'রছেন। কিন্তু ভলেন্টিয়ার গৃহ-শিক্ষিকার সংখ্যা খুবই কম বিশেষ ক'রে আমাদের দেশীয় গৃহশিক্ষিকার সংখ্যা আরও কম। আমি সা.ফ্.টের সঙ্গে যোগাযোগ ক'রে ৮ সপ্তাহের ট্রেণিং সপ্তাহে ২ ঘণ্টা করে নিলাম। এই ট্রেণিংএ যোগদান করার জন্য কোন বিশেষ প্রতিভার প্রয়োজন নেই, কেবল বাড়ীতে গিয়ে মহিলাদের সপ্তাহে ২ ঘণ্টা ইংরেজী শেখাবার আগ্রহ থাকতে হবে। ট্রেণিং শেষ করে আমি একজন বাংলাদেশী মহিলাকে ভলেণ্টারী ইংরেজী শেখাতে আরম্ভ ক'রলাম।

আমার ছাত্রী অনেক দিন অপেক্ষা করে গৃহশিক্ষিকা পেয়ে আমাকে খুবই আনন্দের সঙ্গে গ্রহণ করলেন এবং খুবই উৎসুক ইংরেজী শেখার জন্য। দ্বিতীয় দিন গিয়ে দেখি আরও তিনজন মহিলা আমার জন্য অপেক্ষা করছে ইংরেজী শেখার জন্য। মনে মনে খুবই গর্ব অনুভব করলাম। আমি বাংলা বলতে পারার জন্য মহিলারা নির্ভয়ে আমাকে জানাতে পারলেন ওনাদের ইংরেজী শিখতে কি কি অসুবিধা হয়। ইংরেজী শেখানোর মাধ্যমে বাঙ্গালী বোনদের এদেশে থাকার দৈনিক, পারিবারিক, শারীরিক, আর্থিক, মানসিক যে কোন সমস্যার সমাধানের জন্য কোন্ কোন্ সংস্থায় সাহায্য পাওয়া যায় সে সম্পর্কে অনুসন্ধান দিতে পেরেছি। সম্ভব হ'লে উনাদের সঙ্গে ডাক্তার খানায়, স্কুলে, হাসপাতালে নিয়ে-গিয়ে ইন্টারপ্রেটারের কাজও করেছি। সা.ফ্.টে গর্ভবতী মহিলাদের ইংরেজী শেখানোর জন্য 'এ্যন্টিণেটাল' ক্লাসের ব্যবস্থা ক'রে। মিনিবাস গিয়ে বাড়ী থেকে মহিলাদের ক্লাসে নিয়ে যায়। ছেলেমেয়েদের দেখাশোনার ব্যবস্থা থাকে। ইন্টারপ্রেটারের সুবিধা আছে। সন্তান প্রসবের সময় হাসপাতালে যাতে কোন অসুবিধা না হয় সেই সম্পর্কে শিক্ষা দেওয়া হয়। আমার ধারণা অনেকেই হয়ত এসব সুবিধার কথা জানেন না। আমার একজন ছাত্রী অতি অল্পবয়সে এদেশে বিধবা হন। স্বামীর মৃত্যুর পর ওনাকে এদেশে ঘরে বাইরে বিভিন্ন রকম কাজের জন্য ওনাকে ইংরেজী শেখাতে চেষ্টা করি। ওনার মত অসহায় মহিলাদের সাহায্য ক'রতে পেরে মনে খুবই সুখ অনুভব ক'রেছি।

গৃহশিক্ষার অভিজ্ঞতা অর্জন করার পর আমি সা.ফ্.টের

housebound and need to learn within their own homes. SAVTE arranges home tuition free of charge. There is a very long waiting list of women needing home tutors and there are never enough volunteers. Volunteers who have Sheffield's community languages are especially in short supply. I found a warm welcome at SAVTE and joined an eight weeks' training programme for home tutors. It was free to join, required no special qualifications and meant giving two hours of time per week. After my training I offered to visit a woman from Bangladesh and to teach her English.

I found my student most eager to learn. She had waited a long time for a home tutor and was very happy to have me visit her. On my second visit I had a pleasant surprise – three other Bengali women had joined my student in order to share in her lessons! I felt privileged to be able to help them. The fact that I also speak Bengali made it easy for the women to explain their difficulties in learning English. Through English lessons I was also able to advise my Bengali sisters on various matters of concern to them in their family life and to refer them to relevant agencies for dealing with financial, legal, health and other problems. Sometimes I accompanied them to schools or hospitals and interpreted for them. SAVTE also organises ante-natal classes for pregnant women

অফিসের চাকরী বিজ্ঞাপনে দেখে মহা আনন্দে দরখাস্ত ক'রে ফেল্‌লাম। সৌভাগ্যবশতঃ চাকরীটা আমারই হ'ল। বেতনের চাকরী পেয়ে যদিও আমি বাড়ীতে গিয়ে মহিলাদের ইংরেজী শেখাতে পারিনা, কিন্তু অফিস থেকে শত শত মহিলাদের নানা ভাবে সাহায্য করতে পারি। মাঝে মাঝে আমার কাজের চাপ অনেক বেশী হ'য়ে যায়। যেমন হঠাৎ 'টাউন হল্‌' বা 'হাউজিং' এর অফিস থেকে অথবা হাসপাতাল থেকে ইন্টারপ্রেটারের জন্য ফোন করে। খুবই অল্পসময়ের মধ্যে আমাকে জোগাড় ক'রে দিতে হয় তা না হ'লে আমার বোনদের অনেক সমস্যাই সমাধান হ'য়ে উঠবে না, তাই একাজ যদিও আমার চাকরীর চুক্তিতে লেখা নাই, তবুও আমি করি। আমি এখন অনেকের কাছে "অণিমাদি" নামে পরিচিত। আমাকে নিজের বড় বোনের মত ভালবাসে তাই নিজেদের সমস্যার কথা আমাকে গোপনে বলার জন্য দ্বিধা করে না। আমিও নানা ভাবে সাহায্য করতে পেরে মনে অনেক সুখ পাই।

and arranges for transport in mini-buses, crèche and interpreters. At these classes advice is given on maintaining good health after childbirth. I feel that many of us are not aware of these facilities and sometimes even when we are, various reasons prevent us from taking advantage of them. One of my students was widowed at a young age and was suddenly faced with coping with many new tasks both inside and outside her home. I found great satisfaction in helping people like her.

Later when SAVTE advertised a vacancy at its office, I applied and was fortunate to get the post. In this paid job I no longer make individual home visits to tutor and befriend a few women, instead I have a general involvement in every area of SAVTE's work and have the satisfaction of knowing that my efforts are helping a much larger number of people. Sometimes I am under a lot of pressure when I get calls from the Town Hall, a hospital or a Housing Association, to quickly find them a Bengali interpreter. This is not really part of my job, but I do it in the interest of my sisters who would otherwise suffer a lot. Many women come to our office for information or to confide their problems to me. They all call me 'Animadi' which means 'Elder sister Anima' and treat me with much affection.

আয়োজিত বিয়ের উপর তারুন্যের মনোভাব

অনুবাদ: ডলি মন্ডল ও ডঃ মুখার্জী

প্রথা ও আস্থা

মিঠু মুখার্জি

পাশ্চাত্যে মানুষ হ'লেও 'আয়োজিত' বা 'সম্বন্ধ করা' বিয়ের ঐতিহ্য আমি ছেলেবেলা থেকেই মেনে এসেছি। ভারত থেকে বহু দূরে বাস কোরলেও নিজস্ব কৃষ্টি আর হিন্দুধর্মে দৃঢ় বিশ্বাসের বিরোধীতা কোন কারনেই কোরতে পারবোনা। এই রকম বিয়ে যদি ভারতের কৃষ্টিগত নাও হ'ত, তবু আমার আত্মীয় স্বজন, বংশ পরম্পরা - বিশেষ ক'রে মা বাবার উদাহরণ, দেখে আমি বিশ্বাস কোরতে পারিনা যে এই ধরনের বিয়ে গ্লানিকর, যে ধারনা এই সমাজে আছে।

আমার মনে হয় আয়োজিত বিয়ের দায়িত্বের গুরুভার পাশ্চাত্যের বিয়ের চেয়ে বেশীই। অপরিচয়ের গণ্ডী পেরিয়ে পরম্পরকে চেনার আর শেখার প্রয়াস স্বভাবতঃই বেশী। তাছাড়া আজকাল বাবা মা, শুধু তাদের পছন্দের বোঝাটা ছেলেমেয়েদের উপর আরোপ না ক'রে - তাদের মতামতের মূল্য দেন। তাছাড়া দুই পরিবারই এতে সচেষ্ট অংশ গ্রহন করে। ছেলেমেয়েকে তাদের পরিবারের সম্মতিক্রমে পরস্পরকে দেখার আর কথাবার্তা বলার সুযোগ দেওয়াও হয়। দুই পক্ষই বিয়ের শুভাশুভ বিচারে প্রচেষ্ট হন। বাবা মার উপরে শ্রদ্ধা ভালবাসার ভিত্তিতেই আমার আস্থা তাঁদের বিচার বিবেচনার উপর। তাঁদের ভুল হতেও পারে তাও জানি। তবে আয়োজিত বিয়েতে দম্পতি এক দৃঢ় সঙ্কল্পে ব্রতী হয়। এই বিয়ে যে আদর্শ তা আমি বোলছিনা - কিম্বা অন্যধরনের বিয়ে নিকৃষ্ট। আসলে বিয়ের সাফল্য নির্ভর করে দম্পতীর প্রচেষ্টার উপর - তবে এ ধরনের বিয়েই আমাদের জীবন-পাথেয়।

TEENAGERS ON ARRANGED MARRIAGES

TRADITION AND TRUST

Mithu Mukherjee

I have always known about arranged marriages and accepted them from an early age, despite my upbringing in a Western country. Though I live hundreds of miles away from India, my belief in my culture and my religion, Hinduism, are strong and there is no way that I would go against them. Even if arranged marriages were not a part of Indian tradition, I have the example in my own family history of aunts, uncles, grandparents, great- grandparents and of course of parents who have all had arranged marriages. If they could all find happiness after their marriages, I cannot believe that arranged marriages are the sinister things that they are so often made out to be here in this society.

Arranged marriages are more of a challenge, I think, than most Western marriages.

When a couple do not know each other before their marriage, there is initially much more to learn about their partner. Besides, these days arranged marriages are not just a matter of parental choice imposed on a young couple, the future bride and groom are also consulted – in fact the whole family is involved. A boy and a girl do meet each other and have some conversation, but this happens with the knowledge and approval of the elders in both families. Families generally take great pains to match a couple to each other. My love and respect for my parents also means that I will be disposed to trust their judgement, although I know that they can make mistakes. Partners in an arranged marriage make a conscious and determined commitment to make their union a success. I don't say that arranged marriages are perfect, nor that they are superior to other forms of marriage. After all a marriage is only as good as the couple work to make it. But this form of marriage is a way of life for us.

চল্‌তি নিয়মে বাস্তবের সঙ্গে সংঘাত

নীলুফার হোসেন

অনেকেরই ধারনা আয়োজিত বিয়ে একটা জবর্দস্তির ব্যাপার। সব সমাজেই আইন মানুষের তৈরী। বাস্তবে হয়ত কেউ কেউ মেয়েদের জোর ক'রে বিয়ে দেয় - কিন্তু তা অন্যায়। ইসলামে জোরের কোন স্থান নেই। মেয়েদের উপর মুসলিম সমাজের জুলুম থেকে পাশ্চাত্যের অনেকেই এমন কি আমরাও ইসলাম সম্বন্ধে ভুল ধারনার বশবর্তী হই - বিশেষ ক'রে বিয়ের ব্যাপারে তার বক্তব্যকে। যে পুরুষেরা জোর ক'রে মেয়ের বিয়ে দেন - তারা তাদের প্রভুত্ব, অজ্ঞতা আর ভুলের জন্যে আল্লার প্রকৃত গোলাম হতে বঞ্চিত।

আয়োজিত বিয়ের সমস্ত ধারনা কৃষ্টি আর শ্রেণীর উপর নির্ভরশীল। এ দুটোর প্রভাব জীবনে খুবই বেশী। মধ্যবিত্ত এশিয়ান পরিবারে ছেলেমেয়েদের সঙ্গে বাবা মায়ের সাবলীল সহযোগীতা থাকে। তাদের ভবিষ্যত জীবনসঙ্গীকে বা সাথীকে জানার সুযোগ দেওয়া হয় বন্ধুত্বের ভিত্তিতে। আমাদের চিন্তা আর মতামতের উপর বাবা মার তখন কোন সক্রিয় ভূমিকা থাকেনা।

যাহোক - আমরা প্রত্যেকেই স্বতন্ত্র আর আদর্শ সাথীকে আয়োজিত বিয়েতে বা অন্য উপায়েও পেতে পারি। কাজেই আমাদের পছন্দের পথ খোলাই আছে, তাকে স্বীকৃতি দিতে হবে - সব কৃষ্টির আর শ্রেণীর বাবা মার, সেটা বোঝা উচিৎ।

TRUTH IN CONFLICT WITH PRACTICE

Nilofar Hossain

Arranged marriages are not about force, as so many people would believe. In all cultures laws are in fact man-made. The reality may be that some men do force their daughters to marry, but this practice is wrong – force has no place in Islam. The oppression of women by men in Muslim communities has led many Westerners, and even ourselves, to misunderstand Islam and what it has to say about marriage. Men who force their daughters into marriage are expressing their domination, ignorance and error, and failing to be true servants of Allah.

The whole concept of arranged marriages differs according to culture and class. These two important factors exert particular influences over the way one is raised. In middle class Asian families there is a great deal of co-operation between parents and children. One is given time to know prospective partners purely on a friendly basis. Parents play no part in our decision-making or our thinking.

However, we are all individuals and we may find the perfect mate through an arranged

স্বাভাবিক বিয়ে কি

সোনিয়া ইসলাম

অনেক ইংরেজরাই মনে করে যে এশিয়াবাসীরা অদ্ভুত! আয়োজিত বিয়ে যেন শুধু তাদেরই হয়। আর ছেলেমেয়েদের জন্য পাত্র পাত্রী বাছাটা যেন তাদের কর্ত্তব্য নয়।

পৃথিবীর বহু দেশেই - এমন কি গ্রীস, ইতালী ইত্যাদি ইউরোপীয় দেশগুলোতেও আয়োজিত বিয়েরই চলন্ বেশী। সুতরাং এশিয়াবাসীরাই শুধু পুরানপন্থী নয়। সাধারণতঃ যে সব সমাজে পারিবারিক বন্ধনটা প্রবল, সেখানেই আয়োজিত বিয়ের প্রচলন আছে।

শত শত বছর ধ'রে ব্রিটেনেও 'সম্বন্ধ করে' বিয়ে ভালভাবেই কার্য্যকরী ছিল। ব্রিটেনের বেশীর ভাগ লোক এখন বর্জন করেছে ব'লেই সেটা যে বাঁকী দুনিয়ায় ভ্রান্ত তা মনে করা তাদের ভুল।

ব্রিটেনে এখন বিবাহ বিচ্ছেদ একটি সমস্যা। এটা ভয়ঙ্কর অবস্থা। বহু ভাঙ্গা সংসারের জন্য বহু লোকই একাকিত্বে ভোগে। পরিবার আমাদের কাছে খুবই গুরুত্বপূর্ণ; আর এদেশে যে সব এশিয়াবাসী আছে তাদের বিবাহ বিচ্ছেদ এদের তুলনায় খুবই কম। সেইজন্যে আমার ধারনা - আয়োজিত বিয়ের প্রথাটা এখন পযন্ত ভালই - তা অপর লোকে যাই বলুক।

marriage or in some other way. So, in a way, we do have a choice. This choice should be recognised as ours; parents from every culture and class should understand this.

WHAT IS NORMAL MARRIAGE?

Sonia Islam

Many English people seem to think that Asians are somehow peculiar in that they alone have arranged marriages and that it is not right for parents to choose who their child should marry. But arranged marriages are the norm in many parts of the world, including such European countries as Greece and Italy. So Asians are not the only "old-fashioned" people around. As a general rule arranged marriages are found in societies where the institution of the "family" is very strong. Arranged marriages worked in Britain too for hundreds of years. Just because most people in Britain have now abandoned this type of marriage, does not mean that they should assume that the rest of the world is wrong.

Among the British an alarming one in four marriages ends in divorce. Many families are "broken" and there are a lot of lonely people. But families are extremely important to us and divorce within the Asian communities settled in Britain is very low, by comparison. To me this suggests that arranged marriages are still a good system of marriage, no matter what other people may think.

মুদ্রার এপিঠ ওপিঠ

রুমা তামূলী

আয়োজিত বিয়ের ভালমন্দ দুই ই আছে। ভালোর দিক হ'ল তার স্থায়ীত্ব আর অন্যদিকে তা মেয়েদের উন্মেষের পরিপন্থী হওয়ায় অনেকেই দুঃখ পায়। অনেকেরই যুক্তি হ'ল এই বিয়ে ভারতীয় উপমহাদেশ বা এদেশের এশিয়াবাসীদের মধ্যে স্থায়ী হওয়ার কারণ হ'ল আমাদের বিস্তৃত পরিবার। তাঁরা এদেশের বিবাহ বিচ্ছেদের উচ্চহারের দৃষ্টান্ত দেখাতে তৎপর - যখন প্রেম ক'রে বিয়ের চটক্ চলে যায়। কিন্তু এটাও মেনে নেওয়া উচিৎ যে আয়োজিত বিয়ের স্থায়িত্ব অনেকাংশেই নির্ভর করে স্ত্রীর স্বামীর উপর আর্থিক নির্ভরতায়। মেয়েদের এই নির্ভরশীলতা ঘুচ্‌লে তারা সমাধিকার আর স্বাধীনতার দাবী ক'রবে।

উপমহাদেশের অনেক জায়গায় এই বিয়ের পণপ্রথাটা হ'ল এক সামাজিক ব্যাধি। মেয়েরা যেন বিক্রির জন্য। মেয়েদের বহু দুর্ভোগ হয় শ্বশুর বাড়ীতে যদি সেই পণ পূরণ না হয়। এর চুড়ান্ত উদাহরণ যখন মেয়ে শ্বশুরালয়

BOTH SIDES OF THE COIN

Ruma Tamuli

Arranged marriages have both advantages and disadvantages: on the plus side they appear to have more stability, but the minus side is that girls do not find it easy to fully develop their potential and consequently they often get hurt. Some people argue that these marriages work well in the Indian sub-continent, and to some extent here among Asians, because of our way of living with an extended family system. They are quick to point to the high divorce rates in the West, after the "fun" of the "love" marriage is over. But one needs also to acknowledge that one of the main

ছাড়তে বাধ্য হ'য়ে গণিকাবৃত্তি গ্রহণ করে বা আত্মঘাতী হয়। এই অভিশাপটা এদেশের এশিয়াবাসীদের মধ্যেও ঢুকেছে - বিশেষ ক'রে যখন মেয়েদের জবরদস্তি বিয়ে দেওয়া হয়।

হয়তো এর আদর্শ সমাধান হ'ল পূর্বের আয়োজিত আর পাশ্চাত্যের ভালবেসে বিয়ের মধ্যে একটা আপোষ। সেটা হ'ল বিবাহযোগ্য ছেলে মেয়েদের তাদের নিজেদের সমতুল্য সামাজিক মিলনের মাধ্যমে ছেলেমেয়েদের মেলামেশার সুযোগ দেওয়ায় - অনেকটা ইউরোপীয় রাজপরিবারের মধ্যে যেমন হয়। অবশ্য ভারতীয় শিক্ষিত পরিবারে ঐরকমই হয় বলা চলে - যাঁরা স্বভাবতঃই ভাবেন কমপিউটারে ছেলেমেয়েদের মিলনের জনপ্রিয় প্রথাটা আয়োজিত বিয়েরই বৈজ্ঞানিক সংস্করণ্।

reasons for the so-called stability of arranged marriages is the economic dependence of the wife on the husband. Once women become financially more independent they will demand greater equality and freedom.

A social evil connected with the system of arranged marriages in most parts of the sub-continent is the institution of dowry – the girl is "sold" like a commodity. This often brings misery to the girl if she cannot meet all the demands put on her by her husband's family. In extreme cases some girls flee their husband's home, become prostitutes or commit suicide. Such evils are also happening among Asians living in Britain where girls have been forced into arranged marriages by their parents.

Perhaps an ideal solution would be a compromise between the Western "love" marriage and the Eastern "arranged" marriage, a compromise involving the "gentle persuasion" of marriageable sons and daughters to mix socially within "like-minded" family gatherings, rather like the practice adopted by senior members of the royal families of Europe. Of course, one could say that this is precisely what does happen among educated Indian families who consider that the now popular computer dating is simply a high technology version of the arranged marriage!

তিন বান্ধবী

রাশিদা ইসলাম

প্রিয় লুৎফা,

তোমার চিঠির উত্তর দিতে গিয়ে ভাবছি পেছনে ফেলে আসা সেই কিশোর জীবনের কথাগুলো। প্রায় তিরিশ বছরের কাহিনী ভেসে উঠছে আমার মনের আয়নায়। বধূ, মাতা, কন্যা, জায়া, ভগিনী হিসাবে তোমার যে পরিচয় তা বাংলাদেশে খুঁজলে অনেক মিলতে পারে কিন্তু সেইসাথে বিজ্ঞানী হিসাবে তুমি যে 'স্বর্ণপদক' পেয়েছো এ উদাহারণ অতি বিরল। তোমার বিজয় মুকুট আমাদের নারীজাতির মুখ উজ্জ্বল ক'রেছে। আজ বিলাতে ব'সেও তোমার জন্য গৌরবান্বিত মনে কোরছি নিজেকে। জানতে ইচ্ছে করে তোমার নতুন জিনিস আবিষ্কারের কথা।

তোমার এই খুশীর খবরের সাথে সাথে জাহানের কথাও মনে ভীড় জমালো। এত আনন্দের মধ্যেও দুঃখের ছায়া দেখতে পেলাম। তার জন্য আমার এত দুঃখ হয় আজও তা ও হয়তো তেমন ক'রে জানেনা। পৃথিবীতে যে ফুল ফোটার আগেই ঝ'রে গেছে, তার সম্বন্ধে লিখে আর কি হবে। কিন্তু তা্ও আমি না লিখে পারছিনা। সমাজ ব্যবস্থা, দারিদ্র এসবের ফলাফল নারীর জীবনে কতখানি পরিবর্তন এনে দিতে পারে, জাহান তার জলন্ত উদাহরণ। ছাই এর নীচে চাপা পড়া অমূল্য রতনই তাকে বলা যেত কিন্তু সুযোগের অভাবে ও দুর্ভাগ্যের স্পর্শে তার কথা আর কেউ কোনদিন জানেনি। মনে ক'রেছিলাম এখানেই শেষ হবে কাহিনী কারণ বিদেশে এসে অনেক বছর আর যোগাযোগ ছিল না জাহানের সাথে। কিন্তু জান লুৎফা! এবার বাংলাদেশে গিয়ে তাকে খুঁজে বের কোরেছিলাম। ওকে এতদিনের ব্যবধানে চিনতে বেগ পেতে হ'য়েছিল। আমি বিদেশে থাকি, এটাই ওর

THREE FRIENDS

Rashida Islam

translated by the author

Dear Lutfa

As I reply to your letter I am recalling the innocent days now left behind us. The history of nearly thirty years comes to mind. There are many in Bangladesh who are working mothers and managing so many other roles, but it is rare to find a woman who, like you, is all these and is also a gold medalist in Science. Pride in your success must gladden all women. Sitting here in England as I write to you, I still feel proud remembering your achievement. I am curious to know what other discoveries you have made since winning the medal.

At the same time that I think of you, thoughts of Jahan crowd my mind and my happiness is shadowed by sorrow. She will never realise that I still feel such regret when I remember her. It is fruitless to talk about the bud that withers before it can blossom, but even so I cannot stop remembering her. Social pressure and poverty can effect so much change in a woman's life – Jahan is

মনে এমনভাবে গেঁথেছিল যে সে আর কিছুতেই আমাকে ওর মনে সেই আগের স্থানে বসাতে পারেনি। হঠাৎ ক'রে আমার আবির্ভাবে ওর মনের যাতনা আরও বেড়ে গিয়েছিল। ছাই এ ফুঁ দিয়ে আগুনের সন্ধান পেয়েছিলাম ওর মনে সেদিনও। আসবার সময় জাহান বোলেছিল মনে আছে - "তোমার সাথে না দেখা হওয়াই ভাল ছিল আমার। আমাকে আর মনে রেখনা, আমার মৃত্যু হ'য়েছে অনেকদিন আগে।" চোখের পানি লুকিয়ে ফিরে এসেছিলাম সেদিন কিন্তু ওর মুখটা সহজে ভুলতে পারিনি।

অনেক সম্ভাবনার বীজ লুকিয়েছিল যে জাহানের অন্তরে, সে জাহানের শেষ পর্যন্ত কোনকিছুই হওয়া সম্ভব হয়নি, এমনকি সংসার জীবনেও এক চরম ধাক্কা খেয়ে প্রাণহীন জীবন যাপন কোরছে এই সাম্যের যুগে, মানুষের যুগে।

যাক এসব কথা। এবার বল তোমরা কেমন আছ! দেশে বন্যার পর নিশ্চয়ই তোমরা সবাই অসুবিধের মধ্যে ছিলে তাই না? ঢাকায় থাকাকালীন তোমার নিমন্ত্রণ রক্ষা কোরতে পারিনি সহসা বন্যা এসে পড়ায়, আশা করি তুমি মনে কিছু করনি। আমরা ভাল আছি এখানে। আমার এখানের জীবনের অধ্যায় তুমি জানতে উৎসুক, কিন্তু আমি ভেবে পাচ্ছিনা কি ক'রে শুরু কোরবো। হ্যাঁ বোলতে পার আমরা এখানে স্বাচ্ছন্দ্যের মধ্যে আছি কিন্তু সুখে শান্তিতে 'মশগুল' হ'য়ে নয়। এখানে সবাই কাজে ব্যস্ত তাই যারা বাইরে কাজ করেনা তারা বড় 'একা' হ'য়ে যায় বিশেষ ক'রে নির্জন দুপুরে। এ কথা তো আগে বুঝিনি। 'জীব-রসায়নে' ডিগ্রী' ক'রে যখন বিলাতের পথে পা বাড়িয়েছিলাম মনে ছিল তখন অনেক গবেষণার স্বপ্ন, চোখে ছিল রঙ্গিন চশমা। নিজের মনের মাধুরী মিশায়ে 'জীব-রসায়ন' বিষয় থেকে জীবন রসের সন্ধান পেয়েছিলাম। তারপর - তার আর পর নেই আছে শুধু একরাশ ইতিহাস। আমি শরৎবাবু নই যে ধারাবাহিক সাহিত্য লিখে যাব জীবনের অনুভূতি ভরা কাহিনী নিয়ে। সত্য কথাটা তাই সোজা ক'রেই বলি। বাস্তব সমুদ্রের ঢেইএর পর ঢেউ একের পর এক এসে আমার সমস্ত পরিকল্পনাগুলোকে এলোমেলো ক'রে দিল। ডিগ্রীর বোঝা নিয়ে নিশ্চুপ পাথরের মূর্ত্তির মত অনেকদিন পার হ'ল আমার। নিজেকে বড়

a tragic example of this. She could be described as a jewel hidden in ashes, a jewel nobody saw because of her ill luck and lack of opportunity. I thought that I had seen the end of her because after coming over here we had no correspondence with each other for many years. But you know, Lutfa, I visited her the last time that I went to Bangladesh. After such a long gap I could not easily recognise her. The fact that I had settled in a foreign country affected her so much that she was unable to accept me as an old friend. My unexpected presence made her melancholy. I had stirred a fire blowing in the embers of her mind. When I was leaving she said, as far as I can remember, "It would have been wise not to see you. Don't remember me, I died a long time ago." I returned home that day, holding back the tears, knowing that I could never forget her.

So many possibilities were hidden in Jahan, but they were all nipped in the bud – even in her family life. She is living like a failure, devoid of all ambition – this, at a time when everyone is supposed to believe in equal rights and human rights.

But enough of this for the moment. Tell me, how are you? After the floods in Bangladesh, you were no doubt faced with a lot of problems, isn't this so? Please don't mind that I was unable to

অপরাধী মনে হ'ত। মনে ভাবলাম এ সবই বিধাতার অগণিত ইচ্ছার বিকাশ আমার জীবনের বিচিত্র পরিবর্তনের অন্তরালে। চাঁদের আশায় দীপ নিভিয়ে ব'সে রইলাম যেন। হাজার মানুষের ভীড়ের মধ্যেও আমার মনের একাকিত্ব দানা বেঁধে উঠলো। দেশের মা-বাবা, ভাই, বোন, বন্ধু, বান্ধবী সবাই যে আমার অশেষ সঞ্চয় তা মর্মে মর্মে বুঝতে পারলাম। তুমি তো জান আমি আমার সাহিত্যিক মামার খুব ভক্ত ভাগ্‌ণী ছিলাম এককালে। ওনার গল্প, কবিতা প'ড়ে কত উৎসাহিত হ'তাম, ওনার সাথে সাহিত্য নিয়ে আলোচনা কোরতে কত পছন্দ কোরতাম। আজ এতদিন পর মনে প'ড়ছে 'মন হারানো বন' নামে ওনার এক বই উনি আমার নামে উৎসর্গও ক'রেছিলেন। সেই যে বহুদিন আগে সাহিত্য রচনার 'হাতে খড়ি' উনি আমার মধ্যে দিয়েছিলেন, সেই সম্বল নিয়েই শুরু করলাম লেখা। কিন্তু যখনই মনে হ'ত সবকিছু ফুরিয়ে যাচ্ছে এ দেশের হিম শীতল বরফ জমা আবহাওয়ার আড়ালে, তখন থেমে যেত আমার লেখনি, কর্পূরের মত উড়ে যেত আমার উৎসাহ।

অবশেষে 'মহিলা সাহায্যকারী সংস্থা' নামে এক সমিতির সাথে শেফিল্ডে নিজেকে জড়িয়ে ফেল্লাম। ঘরে এবং বাইরে সম্পুর্ণ আলাদা জীবনের অভিজ্ঞতা বৈকি। এই বাইরে যাবার সংকল্পের পেছনে ইন্ধন জুগিয়েছে আমাকে আমার বান্ধবীরা। ওরা যেন আমার আঁধার জীবনে বেঁধেছে অগ্নিসেতু, তাই এই সমিতির সাথে সাথে বন্ধু হিসাবে তাদের স্মরন কোরবো আজীবন।

তুমি তো জান শেফিল্ডে এক স্কুলে প্রায় একবছর চাকরী কোরেছি আমি। এতদিন পর চাকরী শুরু কোরেও আমার ন্যায্য অধিকার আদায়ের সংগ্রাম থামেনি। সেখানে শিক্ষা বিভাগের দুয়ারে দাঁড়িয়েও আমার শুনতে হ'য়েছে, শুধু অভিজ্ঞতা ছাড়া বিশ্ববিদ্যালয়ের ডিগ্রীরও কোন মূল্য নেই, নেই কোন দাম শিক্ষা ও বিজ্ঞান বিভাগের দেওয়া নম্বরের। জীবনের সব অভিজ্ঞতাই তো প্রথম অনভিজ্ঞ দিন দিয়ে শুরু হয় একথা মানতেই হবে। আমার মনে প্রশ্ন জেগেছিল, বোলতে ইচ্ছে হ'য়েছিল, তাহলে বিশ্ববিদ্যালয়গুলো আজও বিরাজমান কেন? তাছাড়া আমার বিগত জীবনের বিজ্ঞানের গবেষণার কাজ, সংসার জীবন, বাচ্চাকে মানুষ করার প্রচেষ্টা এগুলোও কি অভিজ্ঞতার সীমানার বাইরে? মনের

accept your invitation to visit you due to the sudden onset of the floods.

We are well here. You have expressed an interest in knowing about my life here but I wonder where to begin. You can say that we are materially well off but not altogether happy, nor are we living very peacefully in this country. Everyone is busy with their own business here. People who are not working outside the home experience great loneliness, especially during the solitary afternoons. I had not realised this before. After my degree in Biochemistry I flew to England with a dream of making discoveries and my mind full of colourful ideas. I found romance in my subject, Biochemistry. And after that? There is nothing more to tell except a long and very different history.

I am not a novelist like Sarat Chandra Chatterjee to be writing a continuous story about my life, so I shall tell you my story in very simple terms. Reality quickly washed away all my dreams and I passed quite a long period without doing anything, in spite of all my qualifications. I felt very guilty. I thought that these changes in my life were the expression of God's will. It was as though I had discarded the lamp in the false hope of getting the moonlight. I felt lonely in the midst of thousands of people. Now I appreciate much more

প্রশ্ন মনেই র'য়ে গেল। সে স্কুল থেকে নীরবে বিদায় নিয়ে 'শুভ ভবিষ্যৎ' এর আশায় ব'সে রইলাম, 'খোদা যাহা করেন মঙ্গলের জন্যই করেন' এই ব্রত নিয়ে। দেখলাম 'সবুরে সত্যি মেওয়া ফল্‌লো'। আমার বাড়ীর বেশ কাছে স্কানথর্প এ একটা স্কুলে আমি বিজ্ঞান শিক্ষিকা হিসাবে চাকরী পেয়েছি, সেই সাথে কলেজেও কিছু ক্লাস নেবার কাজ পেয়েছি। নূতন জায়গায় তারা আমায় অভিনন্দন জানিয়েছিল অনেক সম্মান দেখিয়ে, তখন আমি বাক্‌হারা পৃথিবীর মত নীরব হ'য়ে গিয়েছিলাম - আমার মনে চিরদিনের জন্য গেঁথে গিয়েছিল, একটি ধূলিতে লুটিয়ে পড়া আত্মার পুষ্পমাল্যে ভূষিত হবার কাহিনী।

আজ আমার মনে হ'চ্ছে লুৎফা, আমি সোনার খাঁচার পরিবর্তে নিখিল বিশ্ব পেয়েছি। নীল আকাশের নীচে মুক্ত বিহঙ্গের মত ডানা মেলে উড়ার প্রেরনা পেয়েছি। ফ্লোরা আপাকে বোলো, ঢাকায় থাকাকালীন ওনার কাছ থেকে যে প্রেরনা, শক্তি ও সাহস আমি পেয়েছিলাম, সেই মূলধন আজও আমার চলার পথের সারথি। প্রীতি নিও।

ইতি,

তোমার বান্ধবী রাশিদা।

the importance of my mother, father, brother and sisters in my life. You may remember that I was quite fond of my writer uncle. His poems and stories encouraged me in my writing and I liked to discuss literature with him. Today I recall, after a long time, that my uncle dedicated a book called *Mon Harano Bon – The Forest Where One Loses the Mind* in my name. With my interest in writing, first kindled by my uncle, I began to write again. But everything seemed to quickly perish in this cold and freezing climate, including my inspiration and with it my writing.

Eventually I joined Bengali Women's Support Group. I found out the distinct difference between staying at home and going outside it. My new friends encouraged me to want more than my housewife's life was offering. I shall ever remember these friends from the Group for they helped me to build a golden bridge during dark days.

I have written so many things but the most important news of all I have not yet mentioned. You know that after a long time I began to work again – I was employed in a secondary school in Sheffield for nearly a year – but still I had a struggle to obtain my rights. At the very door of the Education Department I was informed that, "University degrees are of no value, there is no

value either in getting D.E.S. qualified teacher status, only experience counts." You must agree that all life's experiences necessarily happen to an inexperienced person in the beginning. The questions posed themselves in my mind and I wished I could express them: "What are universities established for, then? Besides, do not my past career in scientific research, my domestic life and bringing up a child, count as experiences?" My queries remained inside me. In silence I left that school, reflecting that whatever God does is done for one's own good. I learnt the meaning of the saying – "Cultivate the great quality of patience, it will carry you serenely through the roughest day." I have now got a job as a Science teacher in a Scunthorpe secondary school quite near my house. I have also been offered a part-time lecturer's post in a college there. The warmth of the welcome at my new school made me feel quite overcome and speechless – I recalled the tale of a disheartened person who at last finds recognition.

Lutfa, today I feel that I have won the whole world, instead of only a gilded cage. I am free to move as a bird does under the wide blue sky. Please mention this to Sister Flora – the encouragement, strength and courage that she

বিপণি

চন্দ্রা গাঙ্গুলি

চিঠি লিখতে আমার এত আলসেমী যে কত দিন হ'য়েছে বৌদির চিঠি এসেছে, উত্তর দেব ভাবছি ক'দিন ধরেই, আজ লিখতেই হবে তা না হ'লে আর হবে না। যাহোক বৌদি এদিকেতো রেগে আছে আমার ওপর কারণ বৌদির সঙ্গে আমার সম্পর্ক ননদ আর বৌদির নয়, বন্ধুর মতন।

প্রিয় বৌদি,

কেমন আছো? দেরী ক'রে উত্তর দিচ্ছি ব'লে রাগ করো না। জানইতো আমার স্বভাব, সর্ব্বদাই তোমার কথা ভাবি কিন্তু উত্তর দেব দেব ক'রে দেরী হ'য়ে যায়। দেশে তোমাদের দিন কেমন কাটছে? সামনেতো পূজা, এখন নিশ্চয় দোকান, বাজার নিয়ে তোমরা ব্যস্ত। এবার

gave me back home, these are gifts that are helping me on my way.

Your friend,
Rashida

SHOPS

Chandra Ganguli

translated by Rani Mukherjee and Mithu Mukherjee

I am so lazy when it comes to writing letters that I have still not replied to my sister-in-law's letter which I received many days ago. Many times I thought of replying, but today I really must write back or the task will stay undone. I know she is already annoyed with me because our relationship is more that of friends than of sisters-in-law.

Dear Bowdi(1)

How are you? Do not be angry because my letter is so late. You know me, I constantly think about you, but actually writing to you takes longer. How are you spending your days in India?

পূজোতে নতুন কি শাড়ি বেরোল? দাদা নিশ্চয়ই গোটা পাঁচেক শাড়ি তোমার জন্য এতদিনে কিনে ফেলেছে। আমি থাকলে একটা আমিও পেতাম, যাহোক আমি এখানে ব'সে ব'সেই দেখতে পারছি তোমরা কি ক'রছ।

এখানে আমাদের জীবন একইভাবে কেটে যাচ্ছে। রোজই ঘুম থেকে ওঠা, দিনের কাজ শুরু করা, দোকান, বাজার ঘুরা। হঠাৎ দোকান লিখতে মনে প'ড়ল তোমাকেতো সবই লিখি, এদেশের দোকান সম্বন্ধে কোনদিন লেখা হয়নি। এদেশের দোকান প্রচুর, তার মধ্যে ছোট বড় সব রকমই র'য়েছে। কোন কোন দোকান এত বড় যে একটা ছোট বাজার ব'লতে পার। এক দোকানে ঢুকলে সেখানেই সব কিছু পাবে। জামা কাপড়, খাবার জিনিষ, জুতা, খাতা, পেন্সিল, ইলেকট্রিক, গ্যাস, - কি নেই। অনেক সময় তোমা'র কিছু কেনার দরকার না থাকলেও তুমি দুই তিন ঘণ্টা ঘুরে ঘুরে জিনিষ দেখতে দেখতে সময় কাটিয়ে দিতে পার। সারাদিন নানা রকমের লোক ঢুকছে, বেরোচ্ছে, কারও কোনকিছু কেনার নেই, তাও সময় কাটাচ্ছে। এদেশের দোকানটা একটা বেড়াবার জায়গা ব'লতে পার।

সেখানে চা, কফির দোকানও র'য়েছে, দোকানে তোমাকে দরকার না প'ড়লে কাউকে জিজ্ঞেস করার প্রয়োজন নেই, নিজের পছন্দ মতন জিনিষ তুলে নিতে। ফিটিং রুম র'য়েছে প'রে দেখতে পার। আমি কাল দুটো সোয়েটার কিনলাম, পরে দেখলাম বেশ সুন্দর লাগছে, ভাবলাম দুটোই কিনে ফেলি, একটা তোমাকে দেব, আর একটা আমার, তোমার আর আমার তো মাপ একই। দেশে গেলে একসঙ্গে প'রে বেরোব। অবশ্য তুমি এখন আবার মোটা হ'য়ে যাওনি তো? বুবির জন্য খুব সুন্দর একটা ঘড়ি কিনলাম, ওই একই দোকানে ঘড়িও বিক্রি হয়। তবে দোকানে জিনিষগুলো এমন লোভনীয়ভাবে সাজান থাকে যে প্রয়োজন না থাকলেও কিনে ফেলি, তাতে অনেক বাজে খরচ হ'য়ে যায়। তবে একটা সুবিধা এই যে তুমি যদি জিনিষ কিনে আনার পর বাড়ীতে এসে ভাবলে যে সেটা তোমার পছন্দ হচ্ছে না, তুমি অনায়াসে ওটা ফেরৎ দিয়ে দিতে পার। ওরা তোমাকে পয়সা ফেরৎ দিয়ে দেবে, কোন ঝামেলা করে না তারজন্য।

The Puja festive season is approaching, so you must be busy with shopping. What sort of new sarees have appeared during this Puja? No doubt my brother has bought at least five sarees for you already. If I had been present I would also have received one. Never mind, from here I can imagine what you are all doing.

Here everyday is spent in the same way: waking up, doing the household chores and then the shopping. I have written to you about everything else except the subject of shops here. There are many shops, large and small, some so big that they could be described as small bazaars. Everything necessary can be purchased from one store – clothes, food, shoes, books, pencils, electric and gas appliances, nothing is left out. Sometimes even if you do not need anything, you can spend two to three hours just wandering around. All day long different types of people go in and out, most do not buy anything but just pass their time there. The shops here can be described as places of outing.

There are shops which sell tea and coffee as well. In the shops you do not have to ask for assistance unless it is necessary. One can just pick up the desired item and try it on in the fitting room. I tried on two sweaters yesterday and liked both, so I bought them, one for you and the other

এখন এখানে যা যা জিনিষ পাওয়া যায় সেগুলো প্রায় মোটামোটি দেশেও পাওয়া যায়। তবে সবচাইতে ভাল লাগে যখন দোকানে ইণ্ডিয়ার তৈরী জিনিষ দেখি, এখন প্রচুর জিনিষ দেশ থেকে আসে আর এদেশের লোকেরা সেগুলো খুব পছন্দ ক'রে ব্যবহার করে। বিদেশে যে সব জামাকাপড় বা অন্যান্য জিনিষ আসে, সেগুলো অনেক ভালভাবে তৈরী হয়, আর তার কাপড়, সেলাই, স্টাইল সবই অন্যরকম, যেগুলো নাকি দেশে সচরাচর দেখা যায় না। যাহোক আবার যখন দেখা হবে তখন অনেক গল্প করা যাবে। তবে এর মধ্যে যদি তোমরা আস তাহলে তোমাকে নিয়ে শুধু দোকানগুলোতে ঘুরবো। এখানে অনেকে সারাদিন দোকান গুলোর সামনে ঘুরে বেড়ায়, সেটাকে 'উইন্‌ডো শপিং' বলে। কিছু কিনতে হবে না শুধু দোকান গুলোর সামনে দাঁড়িয়ে দেখবে যে কি সুন্দর ভাবে সাজান থাকে।

যাহোক অনেক কিছু লিখলাম, চিঠি দিও। এর পরের চিঠির উত্তর তাড়াতাড়ি লিখো। একটা কথা লিখিনি, এখানের দোকান গুলোতে ইলেকট্রিকের সিঁড়িও র'য়েছে, যেগুলোকে আমরা চলন্ত সিঁড়ি বলি। আর বিশেষ কি, তোমরা আমার প্রণাম নিও। এর পরের বার তোমাকে এদেশের সমুদ্রের পাড় নিয়ে লিখবো, গরমের ছুটিতে ওরা কি করে, আর সেখানের দোকানগুলো কেমন। আজ শেষ করছি।

ইতি
চন্দ্রা

পুণঃ আমি তোমাকে জানাতে ভুলে গেছি যে এদেশে অনেক দোকানে বৈদ্যুতিক চলন্ত সিঁড়ির ব্যবস্থা র'য়েছে, এগুলোকে 'এস্‌কেলেটরস' বলে।

for me as our sizes are the same. When I come over, we can both wear them and go out together. Of course you haven't put on any weight now, have you? I bought a beautiful watch for Bubi at the same shop. The items are arranged so beautifully in the shops that sometimes I end up buying things even when they are unnecessary. In this way much money is wasted. There is one good thing though, if on arriving home you do not like the item you can return it and your money is given back without any fuss. Nowadays most things that can be bought here are also available in India. I like it best when I see something in the shops that is made in India. At present many clothes are imported from India and people here like to wear them. The clothes and other items that are imported are made really well and the fabrics, stitchings and styles are seldom seen in India. However, when I next see you we can have a long chat. In the meantime, if you should come here I will take you around all the shops – this activity is called 'window shopping'. One does not need to buy anything, one just stands and admires the displays in shop windows.

I have already written a lot, so write back soon. I will reply sooner next time. That's all for now. I give you all my pranams(2). Next time I will write to you about the seaside and tell you what

they all do during the summer holidays, and what the seaside shops are like. I'll finish here today.

Chandra

P.S. I forgot to mention that there are electric moving staircases in many shops, these are called escalators.

(1) Bowdi means 'elder sister-in-law'.
(2) Pranams are an Indian form of showing respect to elders by touching their feet.

হে রমজান

কায়সার মুস্তাহাব

হে মাহে রমজান
তোমার বারতা পেয়ে
প্রানে জাগে পুলক, দেহে
সঞ্চরণ হয় আনন্দের ফোয়ারা,
তোমার আশায় থেকে থেকে

HAIL RAMADAN

Kaiser Mustahab

translated by the author with the help of Bengali Women's Support Group sisters

Hail! Month of Ramadan.
Awakening to your call,
My heart blossoms;
A fountain of joy takes over my body,
I renounce my idleness

অলসতা মুক্তি করি,
জানাই তোমাকে হাজার ছালাম
পাপ - তাপ গ্লানি ধুয়ে মুছে
নিয়ে যাও তোমার
পবিত্র পরশে।

বিগত জীবনের অনুশোচনা আর
কালিমা দুর করার প্রয়াসে,
তোমার বুকে মাথা পেতে দিই,
তোমারই ক্ষমাসুন্দর দৃষ্টিতে দেখে নাও
এই পাপীকুলের ধৃষ্টতা,
সকল পেয়েও না পাওয়ার ব্যথা
জানাই তোমারই স্মরণে।

একটি আবেদন

সুরাতন বিবি

খোদা আমাদের এই পৃথিবীতে বিশেষ কাজ করার জন্য পাঠিয়েছেন আর আমরা এখানে এসে কি করছি ?

এই মাসটা ছিল আমাদের 'রমজান মাস'। আমরা কেন এই তিরিশটা দিন রোজা রাখতে পারি না ! নানা রকম অজুহাত দেখিয়ে 'কেউ বলে আমার পেটে ব্যথা, কেউ বলে মাথায় ব্যথা আবার কেউ বলে

In awaiting your arrival.
I welcome you
With a thousand salaams.
With your holy touch
Wash away sins, guilt and sorrows.
Desiring to be rid
Of the regrets from a tainted past,
I embrace you.

Cast your forgiving glance
On the sins of this world.
I tell you that
Though one has everything,
Yet one feels a vacuum.

A REQUEST

Suraton Bibi

translated by Safuran Ara and Debjani Chatterjee

God has sent us to this Earth for a very special purpose but what are we doing in reality?

This month was the month of Ramadan for us. Why couldn't we observe the fast for these thirty days? All sorts of excuses are offered: some

সময়মত না খেলে আমি অসুস্থ হয়ে পড়ি'।

আমি খোদার কাছে এই আবেদন করি; মাহে রমজান তোমার এই পবিত্র দিনগুলি কি দ্রুত চলে গেল। প্রথমে ভয় পেয়েছিলাম কি ভাবে এই রমজান মাসটা কাটাব ? আর এখন দেখতে পাই যে এই পবিত্র দিনগুলি কি সুন্দরভাবে গেল।

আমার সাত সন্তান। ভেবেছিলাম ছেলেমেয়েরা স্কুল থেকে এসে আমাকে খুব বিরক্ত করবে। তবে এই মাসে বাচ্চারাও কোন দুষ্টামী করে নাই। সবাই এরা বোঝে, নামাজ পড়ে এবং ভাল থাকে।

বহুলোক আছে যাদের নামাজের কথা বল্‌লে বলে কাজের জন্য নামাজের সময় পাইনা। আমরা মেয়েরা বলি বাচ্চা দেখাশুনা করতে হয় আর আর ছেলেরা বলে রেষ্টুরেণ্টের কাজে বন্দী, নামাজ রোজা রাখলে আমরা কাজ ভাল করতে পারবো না এবং আয় কমে যাবে। আমরা সব কাজই করতে পারি। পয়সা জমাতে পারি কিন্তু খোদার কাজ কেউ করতে পারি না।

খোদা মুসলমান ভাইবোনদের বাঁচিয়ে রেখেছেন এই পৃথিবীতে তবে আমরা কি ভেবে দেখেছি ? খোদার দরবারে কি নিয়ে হাজির হবো ? চোখ বন্ধ করলে কিছুই নাই। আমরা যে দেশেই থাকি না কেন খোদার কাজ সব সময় ক'রতে পারা উচিৎ।

রমজানের পর ঈদ আসে। কত আনন্দ, কত খুশীর দিন। সবার কাছে এই আবেদন ও খোদার কাছে এই প্রার্থনা যে আবার আগামী বৎসর যেন একসাথে রমজান পালন করতে পারি।

say that they have a stomachache, some say that they have a headache and some say that if they do not have regular meals they fall ill.

This is my prayer to God. O holy month of Ramadan, how swiftly your days have passed! I was worried at first as to how I would pass this month and now I can see how beautifully the days went by.

I have seven children. I thought that they would give me a lot of trouble each day when they returned from school. But they were especially good at this time. They all understand about Ramadan and they perform the prescribed prayers.

There are many people who, when prescribed prayers are mentioned, say that due to work they find no time for prayer – women say that they have to look after the children and men say that they are trapped by their work in restaurants. They say, "If we observe the fast, we will not be able to do our work properly, our wages will lessen." We can do all kinds of work it seems, we can increase our wealth, but we cannot do God's work!

God has preserved Muslim brothers and sisters here on this Earth, but have we considered what we will bring with us when we finally stand in His presence in the divine durbar? When we

একটি প্রার্থনা

কমলা বিবি

আল্লাহ্‌তায়ালা মানুষকে মাটি থেকে সৃষ্টি কোরেছেন। মানব শিশু জন্মের পর অনেকদিন অসহায় অবস্থায় থাকে। শিশুকালে কেউ একা চোলতে পারেনা। বিধাতা তাই মা-বাবার মনে ভালবাসা এবং স্নেহ দিয়েছেন আর শিশু তাদের যত্ন পেয়েই বড় হয়।

আল্লাহ চন্দ্র, সূর্য, পাহাড়, নদী, পশু এবং পাখী সবকিছু সৃষ্টি করেছেন। মেঘ থেকে বৃষ্টি হয়, ফলে জমি উর্ব্বর হয়, ফসল ফলে এবং সেই ফসল খেয়ে আমরা জীবন ধারণ করি। পশু পাখীরাও আল্লাহ্‌র করুনায় খাদ্য খেয়ে বেঁচে থাকে।

আল্লাহ্‌ পরম করুনাময় এবং সর্বশক্তিমান। তাঁর কাছে গরীব, ধনী সবাই এক সমান। ধনী লোকদের অভাবী মানুষকে সাহায্য করা আল্লাহ্‌র

close our eyes for the last time, we will have nothing to commend us.

No matter which country we live in, there is no reason why we cannot do God's will.

Fasting is followed by the Eid festival – what a day for happiness and joy! This is my request to all and my prayer to God, that again next year we should all observe Ramadan together.

A PRAYER

Komola Bibi

translated by Rashida Islam

Allah fashioned human beings from the earth. After birth infants live in a helpless condition for quite a long while. They cannot live alone when they are young. This is why Allah created love and tenderness in the hearts of parents so that babies may grow up with care.

Allah created the moon, the sun, the mountains, the rivers, the animals and the birds. Rain falls from the clouds, it makes the soil fertile, corn is produced and we live on this food grain.

আদেশ। বিশেষ কোরে রোজার সময় গরীবদের আল্লাহ্ দান কোরতে বোলেছেন।

আল্লাহ্র ইচ্ছায় আমরা 'বিলাতে' বাস কোরছি। আল্লাহ্র কৃপায় আমরা ছেলে মেয়ে নিয়ে এখানে ভালই আছি। আমরা এখানে আল্লাহ্র কথামত কাজ ক'রছি।

ও, রমজান তুমি প্রতি বছর আস আর আমাদের জাগিয়ে তোল, আল্লাহ্র কথা মনে কোরিয়ে দাও। তোমার আগমনের প্রতিক্ষায় থাকি প্রতি বছর। আল্লাহ্, তোমার নির্দেশ স্মরণ কোরে আমরা রমজানকে বরন করি ধর্মের শপথ নিয়ে।

The animals and the birds also live on this Earth, all provided with food through Allah's generosity.

Allah is merciful and all powerful. For Him there is no difference between the rich and the poor. According to Allah's precepts it is the duty of rich people to help the needy. In particular, this guidance is obligatory during the time of Ramadan.

It is by Allah's will that we are living in Britain. We are here with our children and we are well by His blessings. Even here we are following His commands.

O Ramadan, every year you come and awaken us, you remind us of Allah. We wait for your arrival each year. Allah, it is your guidance that we follow when we welcome Ramadan with religious fervour.

দুপুরের নির্জনতা

ডলি মণ্ডল

এ নির্জনতা জানিনা আমার মনের, না এ শুধু এ দেশের দুপুরের ? না এ শুধু এ দেশে আমাদের জীবনের ? সারা সকাল সময় পাইনা একটুও,

AFTERNOON SOLITUDE

Dolly Mondal

translated by the author with the help of Bengali Women's Support Group sisters

I reflect on my loneliness: is it just the normal by-product of spending an afternoon in

কাজের ব্যস্ততায় - তবুও যেন ভালো লাগে এ ব্যস্ততা। অক্লান্ত ছোটাছুটির পর দুপুরবেলা যখন একটু সময় ক'রে বসি তখন মনে আসে নিঃসঙ্গতার হতাশা, কোথার আমার সেই মা ? যে এখন পাশে থাকলে বলত "তোর খুব কষ্ট হ'য়েছে, এবার একটু ব'স।"

কতযুগ যেন ফেলে এসেছি সবাইকে কিন্তু কই আজ পর্যন্ত কাউকে মন থেকে আড়াল করতে পারিনি। বাবা, মা, ভাইবোন, বন্ধু, আত্মীয় স্বজন সবাইকে কতদূরে ফেলে এসেছি তবু তারা আমার মনের মধ্যে মিশে একাকার হ'য়ে আছে। এ দেশের নির্জনতা তাকে বিব্রত করে, মনে হাহাকার আনে।

ওরা ভাবে আমি তো কত ভাল আছি এখানে, সুখে আছি। কিন্তু সুখ কি ? সে তো শান্তি নয়।

বাগানে কত ফুল ফুটেছে - এ ফুল আমাদের দেশের কৃষ্ণচূড়াকে মনে করিয়ে দ্যায়। পাখীগুলো ছড়ানো রুটীর টুকরো খেতে এসেছে, এ ফুলগুলো যদি তাদের দেখাতে পারতাম !

'ভালো থেকে, ভালো প'রে সুখ কোথায় যদি না সে ভালো আপনজনদের সাথে ভাগ ক'রে না নিতে পারি ! নির্জনতা শুধু মনেই নয়, অবসাদ আনে শরীরেও - তবু বাঁচতে হবে চেয়ে আছি শুধু ছেলে-মেয়ের সুখের দিকে তাকিয়ে। ওরা সুখী হো'ক - ওরা মানুষ হোক - আমার এ নিঃসঙ্গতা যেন না ছোঁয়। নিঃসঙ্গতা কি সংক্রামক ব্যাধি ?

this country, or could it be us – is it we who are responsible for our solitary way of life here in this land? Or is this solitude only in my mind?

All morning I work like some machine, though I don't mind the work, at least it keeps me occupied and I do not think. But in the afternoon when I have time to myself, I feel oppressed by this solitude; my mind is submerged in melancholy – where is my loving mother? At this moment, if only she was by me, she would say, "How much you have suffered! Come, rest a little."

Sometimes I think of how, an age ago, I left all my dear ones far behind me, and yet how can I erase from memory my parents, brothers, sisters, friends and relatives? Though so distant, they are ever close to me, entrenched in my heart. I am alone in this land. This solitude benumbs me.

Those I have left behind consider me fortunate to be living here in comfort and affluence. But what of happiness? Where is my peace of mind?

Spring has come, there are so many flowers in my garden. I am enchanted by their radiant colours, especially the cherry blossoms which remind me of the Krishnachura trees back home. The robin and the starling come to feed on scattered bread crumbs. I wish now that I was

আহত পাখী

রাশিদা ইসলাম

আমি একটি আহত পাখী,
ঝড়ের ঝাপটায় ডানা ভেঙ্গে ফেলেছি,
সারারাত অন্ধকারে যাতনায়
গুম্‌রে গুম্‌রে কেঁদেছি,
সে ক্রন্দন কেউ শোনেনি -
কারণ ধূলি-ঝড়ের শন্‌ শন্‌ শব্দে
ঢাকা প'ড়েছিল সে ধ্বনি।
শুধু দু'ফোটা তপ্ত অশ্রুতে
অলংকিত হ'য়েছিল সে অব্যক্ত বেদনা,
সিঞ্চিত হ'য়েছিল আঁখি।

enjoying this blissful beauty with my own loved ones. No one can feel fulfilment in one's heart without sharing one's joys and sorrows.

This solitude exists not only in my mind, it poisons my body also. But I must survive. I look upon the faces of my children and I dream that one day they will find their rainbow. I hope that my loneliness, my morbidity, my melancholy, will not affect them. I wonder, could my solitude in fact be contagious?

A BROKEN WING

Rashida Islam

translated by the author and Debjani Chatterjee

I am a wounded bird,
My wing twisted by the storm.
All night I wept
In pain in the dark.
No one heard my cry
For the power of the gale storm
Drowned the sound of weeping.
Only two warm tear drops
Express my silent grief –
And bathe my eyes.

ভূবন আমার ভ'রেছিল,
মৃদুমন্দ বাতাসে ভরপুর হ'য়ে,
চাইনি কখনও দুরন্ত সমীরন,
কিন্তু সহসা অশান্ত ওদের খেলায়
যাত্রাপথে আহত হ'য়ে -
আমার সামান্য সঞ্চয়টুকু খুঁজে পেতে
বহুদিন পার হ'য়েছিল।

তারপর আপন আকাশের নীচে
বিচরন কোরেছি এতটুকু আশা নিয়ে,
কাহারো করিনি সামান্য ক্ষতি,
শুধু আপন স্বপ্নে - মন ভ'রে তুলেছি,
কোন ঝড়ের আশঙ্কায় পথ চলিনি।
চঞ্চল বাতাসের আভাসে শঙ্কিত হ'য়ে
ফিরে এসেছি আপন কুঞ্জে।
আতঙ্কিত হ'য়েছি মিছে।

তথাপি, আবারও সহসা -
ঝড়ের খেয়ালে আমাকে
বিব্রত হ'তে হ'ল দিগন্তের অসীমে।
এ ঝাপটায় ছট্‌ফট্‌ কোরেছি একাকী,
এজন্যে ঝড়ের সমবেদনার কোন
ইঙ্গিত আমি দেখিনি তখন,
বরং উল্লাসতাই প্রান পেয়েছিল।
অবশেষে এও এক বিধাতার
আশীর্বাদের মনে ক'রে,
আমার আপন আকাশে বাঁচবার মত
সান্ত্বনা খুঁজে পেতে চেষ্টা কোরছি।
আমার বিশ্বাসই একমাত্র ভরসা।

In my own world
The gentle zephyr flows.
I never invited strong winds.
But suddenly I became a wounded bird,
Buffeted by the restless wind.
I have discovered my modest destiny
After many days.

I used to live in hope
Under my own familiar sky,
I harmed no one,
But lived a dream of my own.
I would not venture out in thunder,
Any distant rumbles
Forced me to my nest.
Sometimes I was fearful for no reason.

Even so, suddenly again
The storm swept the sky,
Disrupting my life.
In strong gales I beat my wings.
I saw no hint of pity in the cruel storm,
Rather, it took pleasure in my unease.
Finally I accepted the fate that befell me:
I am trying to find my own space to settle
somewhere,
In faith alone I rest my hope.

শাহ্-জালাল

কমলা বিবি

হজরত শাহ্ জালাল আওলিয়া -
তুমি রহমতের দরিয়া,

নামাজ পড়া জায়নমাজ বিছাইয়া
তুমি নদী পাড়ি দিলা,
তোমার আজানের সুরে
গৌড় গোবিন্দের দলান পড়িল ভাঙ্গিয়া।

- হযরত শাহ্ জালাল আওলিয়া
  তোমার পরশ পাইয়া
  কত রোগী ভালা অইলো
        ঝর্ণার পানি খাইয়া।

সম্পাদিকার কথা:- বাংলাদেশের সিলেট জেলার মানুষের কাছে হযরত শাহ্-জালাল হ'চ্ছেন একজন পৃষ্ঠপোষক আওলিয়া। পৌরাণিক কাহিনীতে আছে, রাজা গৌড় গোবিন্দের সৈনিকদলই ছিল হিন্দু রাজত্বের শেষ সৈনিকদল। বিস্ময়কর ঘটনা ছিল যে, সুফিপীর নামাজের জায়নামাজে ব'সে নদী পাড়ি দিয়েছিলেন সবার দৃষ্টির সামনে। সিলেটের হযরত শাহ্-জালালের মাজার শরীফ হিন্দু মুসলমান সবারই আকর্ষণীয় একটি তীর্থস্থান। 'কাঁটার রেখা' বইটিতে কমলা বিবি এই কবিতাটি লিখেন, এই উদ্দেশ্য নিয়ে যে এই বিখ্যাত ব্যক্তিটিকে স্মরণ করা এবং ঐ উপলক্ষ্যে বিশেষ দিন উদ্‌যাপন করা উচিৎ। বিলাতে আমাদের ছেলেমেয়েরা এই বিখ্যাত ব্যক্তির নাম স্কুল, কলেজে কোথাও শোনে না।

SHAH JALAL

Komola Bibi

translated by Rehana Chaudhury and Debjani Chatterjee

O Hazrat Shah Jalal, O saintly one,
You are an ocean of blessings!

You crossed the river on your *jahnamaj*,
With the sound of your *Ajaan*.
The palace of Gaur Gobindo crumbled
And the proud king fled your path.

O Hazrat Shah Jalal, O saintly one,
Your touch and blessings have cured
Millions who took your fountain water.

Editors' note:– Shah Jalal, is like a patron saint for the people of Sylhet in Bangladesh. Legend has it that the army of Gaur Gobindo, the last Hindu king of Sylhet, fled in amazement when they saw the Sufi mystic fly across a boundary river while seated in prayer on his prayer mat. Shah Jalal's tomb in Sylhet is a famous pilgrim site which attracts both Muslims and Hindus. Komola Bibi's motive in writing this poem for *Barbed Lines* was both to celebrate and "to keep alive the memory of this great hero for in Britain our children do not even hear his name in the schools and colleges".

সন্ধ্যার ব্যস্ততা

তাহ্মিনা ইসলাম

সন্ধ্যা হ'য়ে আসছে, একটু পরেই ছেলে মেয়েরা স্কুল থেকে এসে প'ড়বে।

সারাদিন যখন বাসায় একা একা থাকি তখন সময় কাটতে চায় না। কিন্তু সন্ধ্যা বেলাটা খুব ব্যস্ততার মধ্যে কাটে। ছেলে মেয়েরা কে কি খাবে, তাদের খাবার তৈরী করতে হয়।

আমার ছেলেমেয়েরা দেশী খাবার খেতে পছন্দ করে তাই আমি তাদের জন্য ঘরে সব খাবার তৈরী করি। ছেলে মেয়েরা খাওয়া দাওয়ার পর যার যার পড়া নিয়ে প'ড়তে বসে। আমি তখন নিজের কাজে ব্যস্ত থাকি। এই ভাবে সন্ধ্যা বেলাটা আমার খুব ভাল লাগে, ছেলে মেয়েরা সবাই বাসায় থাকে বোলে। সন্ধ্যার সময় অনেকে বেড়াতে আসে, নানান কথার মধ্যে সময়টা কেটে যায়। মাঝে মাঝে আমিও বেড়াতে যাই। এই ভাবেই আমার সন্ধ্যা পার হ'য়ে রাত আসে তারপর ভাবি পরদিন সকালে আমাকে উঠতে হবে।

EVENING'S ACTIVITY

Tahmina Islam

translated by Rashida Islam

It is nearly evening now, the children will soon be back from school.

During the whole day when I stay alone at home I feel very lonely. But in the evening I am always kept very busy. I cook food for my children according to their liking. They enjoy the dishes from our own country so I always prepare these for them at home.

After dinner they start their lesson preparations, while I become busy with my own domestic duties. This is how I usually pass my evenings and this is the time that I like best because my children are at home with me. Sometimes friends visit us in the evenings so we enjoy their good company and conversation. At other times we also go out to visit them.

When night falls I always think that I shall have to get up early in the morning to face another day.

'ইমিগ্রেশন'

রেখা তরফদার

আমার জীবনের স্মরণীয় অভিজ্ঞতার কথা লিখছি।

আমার বিয়ের একমাস পর আমি আমার স্বামীকে নিয়ে ঢাকায় ব্রিটিশ হাইকমিশন অফিসে গিয়ে দেখা ক'রে তাদের আমার সবকিছু বুঝিয়ে বলি লণ্ডনে আসার ব্যাপারে। তারা আমাকে যে আবেদন ফর্ম দিল তা আমি সঙ্গে সঙ্গে পুরন ক'রে আড়াই হাজার টাকাসহ তাদের কাছে জমা দিলাম। এই টাকাটা আমার স্বামীর 'এণ্ট্রির ফিজ্' হিসাবে দিতে হ'ল। দু' থেকে তিন সপ্তাহের পর তারা আমাদের সাক্ষাৎকারের তারিখ দিল, ঠিক ন'মাস পর আসতে হবে।

ন'মাস পর, বিশে সেপ্টেম্বর আমি আমার স্বামীকে নিয়ে ওদের সঙ্গে সাক্ষাৎ করতে যাই। আমাকে এবং আমার স্বামীকে আলাদা ক'রে ওরা অনেক প্রশ্ন জিজ্ঞেস করলো। তারপর আমাদের ওরা অফিসে অপেক্ষা করতে বল্লো। অনেকক্ষন পর একজন মহিলা ঘর থেকে বেরিয়ে এসে আমাদের জানালো যে তারা আমার স্বামীকে এখন 'এন্ট্রির অনুমতি' দিতে পারবে না। তারা এজন্য কিছুদিন সময় নেবে। আমার ভীষন খারাপ লাগলো খবরটা শুনে। আমি কিছুতেই সহ্য করতে পারছিলাম না স্বামীকে ফেলে চলে আসার কথা ভাবতে। কিন্তু এছাড়া আমার অন্য কোন উপায় ছিল না কারণ আমি ছয় মাসের গর্ভবতী তখন। বেশী দেরী করলে একা আসা আমার শরীরের জন্য সম্ভব হ'তনা। সুতরাং একসপ্তাহ পরে আমি ব্রিটেনে আসার টিকিট 'কন্‌ফার্‌ম্‌' ক'রে ফেল্লাম।

আমার স্বামী সিলেট থেকে ঢাকা আসা পয্যন্ত আমার সাথে ছিল। বিমান বন্দরে এসে স্বামীর জন্য মনটা আমার আরো ভেঙ্গে পড়লো। মনের এ অবস্থা ভাষায় প্রকাশ করা কঠিন। তবু আমাকে ধৈর্য্য ধোরতে হ'ল।

IMMIGRATION

Rekha Tarafdar

translated by Rashida Islam

I am writing about a particular episode in my life.

One month after my marriage I went with my husband to the British High Commission Office in Dhaka and I explained my situation to them. They gave me an application form and I completed it and submitted it to them along with two thousand and five hundred rupees. The money I paid was the entry fee for my husband. Two to three weeks later they informed us of the interview date which was in exactly nine months time.

After nine months, on 20th September I again went with my husband to see them. They asked each of us, separately, a lot of questions. Then they asked us to wait in the office. After a long time a lady came out from the interview room and informed us that they could not give my husband entry permission at this time. They would take some more time to consider the matter. I felt very badly about it. I could not bear to leave my husband behind. But I had no choice – I was six

আমার বিমান রাত বারটায় ঢাকা থেকে ছাড়লো, পরদিন ভোর সাতটায় লণ্ডনে **হিথ্রো** বিমান বন্দরে এসে পৌঁছালো। বিমান থেকে নেমেই আমি আমার মালের জন্য অপেক্ষা কোরতে লাগ্‌লাম। আমি জানতাম না কে আমাকে নিতে আসবে এজন্য ফোনের কাছে ফোন কোরতে গেলাম। ভুল বশতঃ আমি আমার পাশপোর্ট ও ভ্যানিটি ব্যাগ ফোনের উপর রেখে এলাম। যখন মনে প'ড়লো তখনই ছুটে গিয়ে দেখি ওগুলো ওখানে নেই। আমি খুব উদ্বিগ্ন হ'য়ে প'ড়লাম পরিস্থিতি এমন হওয়াতে এবং চিন্তা কোরতে লাগলাম এরপর আমার কি করা উচিত।

সঙ্গে সঙ্গে আমি পুলিশের কাছে গিয়ে জানালাম। কয়েক মিনিট পর একজন অফিসার আমার ব্যাগ ও পাশপোর্ট নিয়ে হাজির হ'ল। আমি নিশ্চিন্ত হ'লাম জিনিসগুলো পেয়ে। অফিসারকে ধন্যবাদ জানিয়ে আমি বাড়ীর পথে আত্মীয়ের সাথে রওনা দিলাম। আমার এই সম্পূর্ণ ভ্রমণ কাহিনীটি জীবনে কোনদিন ভুলতে পারবো না।

months pregnant and, if I delayed, my health could prevent me from travelling here alone. So after a week I confirmed my ticket to come to the UK.

My husband accompanied me from Sylhet to Dhaka. At the airport I felt so sad to part from him. I cannot really express my unhappiness in words. Nevertheless I controlled myself.

My plane left Dhaka at midnight and next morning at 7 o'clock I landed at Heathrow airport in London. I got off the plane and waited to collect my luggage. As I was not sure who was coming to meet me, I went to a telephone booth to ring a relative. Absentmindedly I left my handbag and passport inside the telephone booth. When I remembered where I had left them I immediately went to look but could not find them. I became very anxious, worrying about the situation and what I should do next.

I informed the police at once. A few minutes later one of the police officers came towards me with my bag and passport! I was so relieved to get back my belongings. After thanking the officer I set off for home with my relative. My entire journey here was something I cannot quickly forget.

IN D IA
১৪৯৮-সালে
~~ভাস্কো-ডা-গামা~~
ভারতবর্ষ
আবিষ্কার
করে।
ভাস্কো-ডা-গামাকে
IN 1498
INDIA
INDIA
~~VASCO~~
~~DA GAMA~~
DISCOVERED
VASCO
DA GAMA
~~INDIA~~

দু' নৌকায় পা

মঞ্জু চ্যাটার্জি

১৯৭২ সালের ১৩ই আগষ্ট আমার হঠাৎ ক'রে বিয়ে হোল। "হঠাৎ করে" এই কথাটা বলছি তার কারণ আমাদের ভারতীয়দের সামাজিক বিয়েটা অভিভাবকরাই ঠিক করেন। তাই বিয়েটা হঠাৎই ঠিক হোল। তিন সপ্তাহের মধ্যে সাগর/আকাশ পাড়ী দিয়ে এক্কেবারে শেফীল্ড। কোলকাতায়তো হায়ার সেকেণ্ডারী স্কুলে কাজ করতাম। তাই গৃহবধূ হয়ে শেফিল্ডে আমার প্রাণ অতিষ্ঠ হয়ে উঠলো।

কোন কিছুতেই যেন আমার ভাল লাগত না। গৃহস্থালীর কাজেও আমার মন ছিল না। তাঁতের শাড়ী ছেড়ে ট্রাউজার পরার মধ্যেও মনোবেদনা ছিল।

ঠিক দুবছর পরে শেফীল্ডেরই একটি বেসরকারী প্রতিষ্ঠানে আমি চাকুরী গ্রহন করি। সেই থেকেই আমার পরিবর্তন আরম্ভ হয় - অর্থাৎ বাইরে ইংরেজী আদব কায়দা ও পোষাক আর ভিতরে পূর্ণ ভারতীয় ভাব। ক্রমে ১৫/১৬ বছর কেটে যাওয়ার পরে বাইরে সবাই আমাকে বলত - "আপনি আমাদেরই মত একজণ বৃটিশ, বিদেশী নন"। শেফীল্ডের রাস্তা মাট, প্রকৃতি ও মানুষের সাথে আমার আত্মার পরিচয় হোল। কিন্তু তা সত্বেও কোথায় যেন একটা 'কিন্তু' রয়ে গেল। প্রায়ই মনে হোত যেন এ দেশ আমাকে গ্রহণ করেনি। তাই যেদেশে আমার জন্ম সেখানে ফিরে আসার ইচ্ছে উঁকিঝুঁকি মারতে লাগল।

এই সময় আমার একমাত্র মেয়ে আমাদের ছেড়ে পরলোকগমন করল। তাই সবকছি ছেড়েছুড়ে দেশে ফিরে আসার সিদ্ধান্ত নিলাম।

গত সেপ্টেম্বর মাসে আমরা দেশে ফিরে এসেছি। দীর্ঘ সাত মাস ধরে এখানে স্থিত হবার আপ্রাণ চেষ্টা করে যাচ্ছি। এখানে কোন কাজে

A FOOT IN TWO CAMPS

Manju Chatterjee

translated by the author

I got married all of a sudden in 1972. It was the month of August. In India marriages are mostly arranged by the parents and so they can be settled within a short time – it was so in my case. Within three weeks of my marriage I reached Sheffield by air. I had been a teacher in a higher secondary school in Calcutta. The sudden change from being a busy schoolteacher to a fulltime housewife in Sheffield made my life both boring and depressing.

I could not find pleasure in anything. Neither could I concentrate on my household duties. For convenience I started to wear trousers instead of sarees. This also caused me mental unease.

Just after two years I started to work in a private firm in Sheffield and from then on a change began to take place inside me – outwardly I was following English customs and inside my own home I was a pure Indian. Gradually 15 or 16 years passed by. People used to tell me, "You are one of us – not in any way a foreigner!" I also started to

সিদ্ধিলাভ করা বিরাট ব্যাপার। যাহোক সবকিছুর সাথেই মানিয়ে চলার চেষ্টা করছি।

দু'বেলা ভাত খেতে এখনও আরম্ভ করিনি কিন্তু শাড়ী পরে আবার বাঙ্গালী গৃহবধূ বনে গেছি।

প্রভাতে কারুর সাথে দেখা হলে অতিকষ্টে 'সুপ্রভাত' চেপে পূর্ণ বাঙ্গালীভাবে বলছি "নমস্কার, ভাল আছেন তো?" প্রতিকথার পরে ধন্যবাদ কথাটি চেপে যাচ্ছি। বাহ্যিক আচার, ব্যবহার ও পোষাকে পূর্ণ ভারতীয় বাঙ্গালী বধূ। আর আমি এদেশের সবার একজন সে ভাবতো পূর্ণমাত্রায় বর্ত্তমান।

এতো গেল বাইরের কথা। ইংল্যাণ্ডে থাকতে যে ব্যাপারটা আমার নজরে আসেনি সেটা এখানে এসে বেশ প্রকট বলেই মনে হচ্ছে। যেটা হোল আমার ভেতরে সুপ্ত বৃটিশ সংস্কৃতি। আমি এখানকার ব্যবহারের অনেক কিছুই সহ্য করতে পারছিনা। যেমন বাইরের যে কোন লোক আমার শোবার ঘরে ঢুকতে দ্বিধা করে না, রাস্তায় দেখা হলে একটু হাঁসির বিনিময় করেনা বা মানুষের কথার মধ্যে নম্রতার অভাব - এগুলো আমাকে ভুলিয়ে দেয় যে আমিও এঁদেরই একজন। নিজেকে সবার থেকে আলাদা ভাবতে খুব খারাপ লাগে বা লজ্জা হয়। কিন্তু আমিতো সত্যিই ভেতরে আলাদা হয়ে গেছি। আমার প্রাণমন শেফীল্ডের বিভিন্ন রাস্তায় ঘুরে বেড়ায়, পরিচিতদের সাথে কথা বলে, তার সব খুঁটিনাটি সর্বদা স্মরণ করে। এক কথায় শেফীল্ড আমাকে ডাকে। আমি যখন চুপ করে বসে থাকি তখন নিজেকে প্রশ্ন করি 'আমার এমন কেন হোল?' উত্তর একটাই - "তুমিতো দু' নৌকায় পা দিয়েছো।"

feel that I was a Sheffielder. In a way I fell in love with everything there – especially the people.

In spite of all this, there were also many times when I felt that I was not well accepted in that land. I began to think of coming back to my country of origin.

In the meantime our only child left us for her heavenly abode. So we took the decision to return to India.

Last September we came back to India. For seven long months we have been trying hard to settle here. It is very difficult to achieve success in anything here. Still, we have been trying to adjust ourselves in every way.

I haven't returned to eating rice twice daily as yet, but in other respects have turned into a fully-fledged Bengali housewife.

Whenever I meet anyone in the morning, I greet them, saying, "Namaskar! Are you keeping well?" Now I don't have to say "thanks" after every word! As regards behaviour, customs and dress, I am a true Bengali woman and the feeling of oneness with all around me is there too.

While I was in England I did not notice one thing – the influence of British culture on me. The latent influence of British culture tries to make itself felt every now and then. I cannot tolerate many things here. When outsiders pay us a visit,

লণ্ডনে থেকে বাংলাদেশ

হাস্না আরা হোসেন

আমি প্রবাসী, লণ্ডনেতে এসে -
মনটি আমার রয় যে প'ড়ে সুদূর বাংলাদেশে !
ফেলে আসা দিনের স্মৃতি ভাসে মনে,
সংসারের সকল কাজের সনে।

they do not hesitate to enter my bedroom. When I pass through a road even a familiar face does not bother to exchange a little smile. The lack of politeness of people compels me to forget that I too am one of them. But I also feel ashamed to think of myself as being different from others. Yet truly speaking I do now have a different identity. My soul roams about in the different roads and streets of Sheffield, it talks to my friends and remembers all the little things over there. In a single word Sheffield welcomes me. When I sit on my own in a quiet place I ask myself, "What is the matter with me?" There is only one answer to this – "You have a foot in two camps."

BANGLADESH, WHILE LIVING IN LONDON

Hasnara Hussain

translated by Rashida Islam

I am a foreigner living in London,
but my mind is still in distant Bangladesh.
In my mind I view the days of my past,
in the midst of my daily working life.

মনের পাতায় জেগে ওঠে -
সূর্য জ্বলা, রোদে ভরা বাংলাদেশের ছবি,
দুপুরের কোকিলের ডাক, রাখালিয়ার বাঁশীর সুর,
বাড়ীর পাশে বহিছে যে কুল কুল নদী।

হায়রে, মাতৃভূমিতে জন্ম নিয়েও -
থাকতে হ'ল বিদেশে জীবন ভর্।
কোথাও পাইনে খুঁজে মন মাতান গান।
সাঁঝের বেলা ঝিঁঝিঁ পোকার ডাকে মন হয়না বিভোর।

পাইনি এখানে কোথাও চাঁদনী রাত, ফুলের মত ঘ্রান,
নেই পাগল করা, আগুন ঝরা কৃষ্ণচুড়ার বন,
স্বচ্ছ জলে আকাশ নাচে সেতো শুধু স্বপন,
পদ্মপাতার বিলে হারায় না আর প্রান।

মনের মাঝে এসব কথা ভেবে ভেবে -
জড়িয়ে ধ'রে ভাবনাগুলি দিবস যামি
এই দুর প্রবাসে অনেক কাজের মাঝে,
ভেবে ভেবে ম'রছি আমি, জানে অন্তর্যামী।

এদেশে কত যে-কিছু রং বেরং এর
চোখ ঝল্সানো জিনিসের নেই শেষ,
তবুও আমার মন যে বলে -
'সবার চেয়ে ভালবাসি, সবুজ বাংলাদেশ।'

All appear in my mind:
the picture of sun-bright Bangladesh,
the cuckoo singing at noon, the shepherd's flute,
the river flowing gently by my home.

Oh, though I was born in my motherland,
I have spent most of my life abroad.
Nowhere can I find any song to move me,
or the chirping of crickets to make me forgetful.

Here I have no moonlit nights, no fragrant flowers,
no golden forest of Krishnachura to drive me mad.
The clear waters in which the sky dances is a
dream,
There is no lake full of lily leaves where my heart is
lost.

These are the things I dream of,
night and day I think about them.
In the midst of my daily working life,
God alone knows the sorrow in which time passes.

There are so many colourful things here,
there is no limit to their attraction –
but my mind still repeats:
"It is my green Bangladesh that I love."

গেলাম সেবার দেশে,
ছয়টি বছর পরে,
কেমন ক'রে দিন কেটে গেল -
ছয়টি মাস ছয়টি দিনের বেশে।

ফেরার সময় হ'ল আবার এই বিদেশে-
মা বল্লেন কেঁদে আঁচলে চোখ মুছে,
"আর কতদিন থাকবি ঐ দূর দেশে ?"
ভেবেছিলাম একটি মেয়ে, থাকবি আমার কাছে।"

বাবা বল্লেন স্নেহভরা সুরে-
আদর কোরে মাথায় মোর হাত রেখে -
"বুড়ো হয়েছি, ম'রে যাব কবে,
জমি জমা, ঘর বাড়ী ফেলে থাক্‌বি দূরে ?
আবার যখন ফিরবি মা তুই দেশে,
দেখবি আমার কবরখানি বাপ দাদারই পাশে।"

চোখের জল, মনের ব্যথা-
বুকের মাঝে চেপে,
ফিরে এলাম লণ্ডনেতে
করিতেছি বাস যেথা।

The last time that I visited home,
it was after six years –
the time there passed so quickly
that my six months felt like six days.

When the time came to return here,
Mother wiped her eyes and said,
"How long will you live so far away?
I'd thought my only daughter would stay with me."

Father said, in a loving voice,
his hand held over my head,
"I am old and will soon die.
Will you live far away leaving home and land?
Daughter, when you come here again,
you will see my grave near my ancestors?"

My mind's agony, my tears –
suppressing all in my heart,
I came back to London
where I reside.

ছুটিতে বাংলাদেশ

নাহিদ ইসলাম

অনুবাদঃ রাশিদা ইসলাম

জুলাই মাসের মাঝামাঝিতে আমার গরমের ছুটি শুরু হ'য়েছিল। জুলাই মাসের আঠারো তারিখে, সোমবারে সকাল আট্টায় আমার মা ও আমি 'হিত্রো' বিমান বন্দরের তিন নম্বর প্রান্তে পৌঁছালাম। আমাদের গন্তব্যস্থান ছিল বাংলাদেশ।

সকাল সাড়ে দশটায় আমাদের বিমান আকাশে উড়লো এবং পঁয়তাল্লিশ মিনিটের মধ্যেই আমরা জার্মানির ফ্রাংফুর্ট এ এলাম, এখানে বিমানটি আরো পঁয়তাল্লিশ মিনিট থেমে থাকলো। এরপর রাতে আমরা কুয়েতে এসে বিমান বদল কোরলাম। অবশেষে পরের দিন সকালে আমরা ঢাকায় গিয়ে পৌঁছালাম। আমার কাছে দেশটিকে উড়ন্ত বিমান থেকে নদীতে ভাসমান দ্বীপের মতই মনে হ'য়েছিল।

বিমান বন্দরে অনেক আত্মীয় স্বজন আমাদের নিতে এসেছিল এবং আবহাওয়া আমার কাছে খুব গরম মনে হ'য়েছিল। খালু-খালার বাড়ীতে পৌঁছিয়েই অনেকক্ষন ধোরে বিশ্রাম নিলাম। পরের দিন আমার খালু আমাকে যাদুঘর দেখাতে নিয়ে গেলেন। যাবার পথে আমরা সামনে 'লেক' ব'য়ে যাওয়া একটি লক্ষণীয়, অসাধারণ কিন্তু সুন্দর সংসদ ভবন পার হ'য়ে গেলাম। যাদুঘরও খুব সুন্দর দেখতে লেগেছিল। বাংলাদেশের খুব বড় মানচিত্রটিই ছিল সব জিনিসের মধ্যে বেশী আকর্ষণীয় বস্তু - বিশিষ্ট বোতাম টিপলেই মানচিত্রে সেই বিশিষ্ট শহরটি লাল হ'য়ে জ্বলে উঠবে। আমরা চিড়িখানাও পরিদর্শন কোরেছিলাম এবং জন্তু জানোয়ারের মধ্যে বিখ্যাত 'রয়্যাল বেংগল' বাঘ, চিতাবাঘ, ভল্লুক, সিংহ, পাখী ও কুমীর দেখেছিলাম। এমনকি আমরা বাচ্চা হরিণকে বাদামও খাইয়েছিলাম।

কিছুদিন পর আমি এক আত্মীয়ার বিয়েতে গিয়ে খুব আনন্দ

BANGLADESH HOLIDAY

Naheed Islam

It was mid July and my summer holidays had started. On Monday 18th July at 8.00 am my mother and I arrived at Heathrow Airport's Terminal Three. Our destination was Bangladesh.

The Kuwait Airlines plane took off at 10.30 am and in forty-five minutes we reached Frankfurt, Germany, where the plane stopped for another forty-five minutes. Then it flew to Kuwait where we landed at night and had to change planes. We finally arrived at Dhaka the following morning. From the air the country appeared to me like so many islands floating on rivers.

Lots of relatives were at the airport to receive us and the weather seemed boiling hot. We drove to my uncle and aunt's house and had a good long rest. On the next day my uncle took me for sightseeing to the museum. Our way took us past the strikingly unusual but beautiful parliament building which had a lake in front of it. The museum was good too. Among the interesting items was a giant map of Bangladesh – each town could be lit up by red lights when the appropriate

কোরেছিলাম। মা'র সাথে প্রায়ই আমি দোকানে যেতাম, আর ''সুভেনীর' কিনতাম। আমরা আমার নানার সঙ্গে দেখা করার জন্য অন্য শহরেও গিয়েছিলাম এবং সেখানে আরো আত্মীয় স্বজনকে দেখে এসেছি।

এরপর খুব গরম পড়ায় আমি একটু অসুস্থ হ'য়ে পড়ি। প্রত্যেকদিন আমার পায়ের ও হাতের উপরের মশার কামড়ের চিহ্নের সংখ্যা বাড়তে লাগ্‌লো। দিনে তিনবার ক'রে আমি মলম দিতে থাকলাম মশার কামড়ের উপর। গরমে খাওয়া দাওয়ার প্রতি আমার স্পৃহা ক'মে যাওয়ায় আমার ওজন ক'মে গেল। আমি ইংল্যাণ্ড এবং ডণ্‌কাষ্টারের জন্য কাতর হ'য়ে প'ড়লাম।

একরাতে অবিরাম বৃষ্টি হ'ল এবং সকালে উঠেই দেখলাম বাড়ীতে হাঁটু পানি হ'য়ে গেছে। দু'রাত পর বন্যার পানি বেড়ে আমার মাথা অবধি ডুবে যাবার পানি হ'ল সুতরাং আমাদের অন্য এক বাড়ীতে পার হ'তে হ'ল। জিনিসপত্র নিয়ে ছাদের উপর থেকে মই দিয়ে নৌকার মধ্যে নামতে হ'য়েছিল আমাদের।

বাংলাদেশে থাকাকালীন শেষ রাত্রিতে আমরা বিমান বন্দরের কাছে এক বাড়ীতে গিয়ে আশ্রয় নিলাম। কিন্তু সকালে উঠেই দুঃসংবাদ জানতে পারলাম যে বন্যার পানি বিমান বন্দরে ওঠাতে আমাদের 'ব্রিটিশ এয়ার ওয়েজ' বিমানের আগমন বাতিল ক'রা হ'য়েছে। যদি কোন বিমানে আমরা আরোহণ কোরতে পারি, এজন্যে বিমান বন্দরে এসে আমরা অন্যান্য বিমানের খোঁজ কোরতে লাগলাম। সব বিমান চলাচল বন্ধ হবার আগে আমরা জানলাম সর্বশেষ বিমানটি কোলকাতা যাবে এবং সেখান থেকে আমরা একটা বড় বিমানযোগে ইংল্যাণ্ডে যেতে পারি। যেকোন ভাবেই হোক আমরা দু'টো জায়গা পেয়ে গেলাম। আমরা সব আত্মিয় স্বজনকে বিদায় জানালাম - যারা বন্যার পরিস্থিতির সাথে যুদ্ধ কোরতে র'য়ে গেল ও বিমানে চ'ড়লাম।

ছাব্বিশ মিনিটের মধ্যেই আমরা কোলকাতায় এলাম। কোলকাতায় আমাদের ছয় ঘণ্টা অপেক্ষা কোরতে হ'ল, পরবর্তী বিমানে ওঠার জন্যে।

button was pressed. We also visited the zoo and saw its many animals, including the famous Royal Bengal tigers, black panthers, bears, lions, birds and alligators. We even fed the baby deer with nuts.

Soon afterwards I attended a cousin's wedding and had a great time. Mum and I went shopping often and bought souvenirs and other items. We also journeyed to another town to visit my grandfather and some of our other relations.

But then I fell ill because the weather was so hot. Each day I also acquired more and more mosquito bites on my legs and hands. I had to spread a special cream on the bites three times a day. I had no appetite for food in the hot weather and consequently began to lose weight. I grew very homesick for England and Doncaster.

One night it rained hard continuously and, in the morning, we found the house flooded with knee high water. After another two nights the water level reached my head so we had to move out of the house. From the roof we climbed down a ladder into a boat with all our luggage. On what should have been our final night in Bangladesh we moved in with someone whose house was near the airport. But in the morning we discovered to our horror that our British Airways flight was cancelled because the runway was flooded. At the

যেই আমরা বাংলাদেশের জাতীয় যাত্রীবাহী, বাংলাদেশ বিমানে উঠলাম, আমরা ঘুমিয়ে পোড়লাম'। আমাদের ঘুম ভাংলো 'দুবাই' এসে। যদিও 'দুবাই' এ খুব গরম ছিল, কিন্তু বিমান বন্দর শীততাপনিয়ন্ত্রিত ছিল। আমরা 'ডিউটি ফ্রি' দোকানে ঘোরাফিরা কোরলাম। সেখান থেকে পুণরায় বিমানযোগে আমরা প্যারিসের 'অর্‌লি' বিমান বন্দরে এলাম। একঘণ্টা ওখানে থামার পর 'অ্যামষ্টারডাম' গেলাম। একথা আমি মা'র কাছ থেকে জেনেছি পরে, কারণ আমি তখন গভীর ঘুমে অচেতন ছিলাম। 'অ্যামষ্টারডাম' থেকে আমরা লণ্ডনে এসেছিলাম।

অবশেষে প্রায় দু'দিন ধ'রে শ্রান্তকর ভ্রমণের পর 'হিত্রো' বিমান বন্দরে এসে পৌঁছালাম। অনেক বিলম্ব হ'লেও ইংল্যাণ্ডে পৌঁছিয়ে আমি যেন স্বস্তির নিঃশ্বাস ফেল্‌লাম। আব্বা আমাদের জন্য বিমান বন্দরে অপেক্ষা কোরছিলেন এবং আমরা সে রাতে লণ্ডনে আমার এক বান্ধবীর বাড়ীতে থাকলাম। ইংল্যাণ্ডে খুব ঠান্ডা ছিল সেদিন। আমি খাবারের জন্য অপেক্ষা না ক'রে সোজা বিছানায় ঘুমাতে চ'লে গেলাম। পরের দিন বিকালে আমরা আমাদের বাড়ী 'ডণ্‌কাষ্টারে' এলাম। দু'দিন পর পুনরায় আমি স্কুলে যেতে শুরু কোরলাম।

airport we enquired if there were any other planes that we could board. We were told that the last plane to fly out, before all further air traffic would cease, would be going to Calcutta and from there we could take a larger plane to England. Somehow we managed to get two seats on this plane. We said goodbye to all our relatives who would have to continue to struggle with the floods, and boarded this plane.

After a short journey of twenty-six minutes we reached Calcutta. In India we had a six hours' wait for our next plane. As soon as we boarded the Bangladesh Biman, the national airline of Bangladesh, we settled down to sleep, waking up when we reached Dubai. Although Dubai was extremely hot, the airport was air-conditioned and we wandered about the Duty Free Shop. When we again boarded our plane, this time it flew in to Orly Airport in Paris. After an hour's stop, it went on to Amsterdam. My mother told me about this later because I was fast asleep at the time. From Amsterdam we flew to London.

At last after an exhausting journey of nearly two days we landed at Heathrow Airport. I was relieved to be back in England after all the delays we had encountered. Dad was waiting for us at the airport and we went to my friend's house in London to stay for the night. England was freezing

ইংরাজী ভাষার প্রতি

দেবযানী চ্যাটার্জী

অনুবাদ: রাশিদা ইসলাম

অজানা দ্বীপের উদাসীন ভাষা,
দুর্জয় পথে যাত্রা শেষে, তব দ্বারে মোর আসা;
আপন সন্তান না হ'লেও, সৎ ব'লেই মান!

জন্মাধিকারের সনে মিশে থাকা অতুলনীয়, পুঞ্জিভূত ভালবাসা
সে তো আমার মা বাংলারই জন্যে - পরিপূর্ণ, সুসমঞ্জস,
বরষার উষ্ণতায় মধুমাখা, রসময়,
পিতৃপুরুষের উথলিত আশীষে সমৃদ্ধ ও বৈচিত্রময়।

জ্ঞানের পরিধি কতটুকু, তাতে কি এসে যায় ?
আমি জানি, সে আমার দিবা রাত্রির স্বপ্ন।

ইংরাজী - তোমার চিন্তাধারার নিঠুরতা
হেনেছে গভীর ক্ষত, পুরেছে নুড়ি মুখ বিহবরে,
জিহবায় দিয়েছে জড়তা।

cold. Without stopping to eat anything I went straight to bed. The next afternoon we drove home to Doncaster. It was back to school again in two days' time.

TO THE ENGLISH LANGUAGE

Debjani Chatterjee

Indifferent language of an alien shore,
the journey was troubled but I am here;
register me among your step-children.

That special love that flows easy with my birth-
right
is for Bengali, my mother – a well rounded tongue,
sweet and juicy with monsoon warmth,
rich and spicy with ancestral outpourings.

What has proficiency to do with it?
I know I dream it endlessly.

English, your whiplash of thoughts
has scarred me, pebbles rattle in my mouth
while innuendoes turn my tongue.

পাশ্চাত্যের সাত সাগরের কুহকিনী তুমি,
আদিকাল হ'তে হাতছানি দিয়ে ডেকেছ আমায়,
আজ অবশ্যি অস্বীকার কোরতে পার সে কথা,
বোলতে পার ফিরে যেতে মোরে আপন আঙ্গিনায়।
তুমি যেন কাঁটার মায়াজালে আঁকড়ে ধ'রে
এনেছো মোরে এই দূর্গ দ্বীপে অযতন ক'রে।

তোমার বানী ভুতুড়ে গান হ'য়ে আমায় ভোলায়,
সেই মায়াজাল আমি ছিন্ন কোরেছি,
খুঁড়ে বের কোরেছি তোমার বিদ্রোহী সুরের ইঙ্গীত।
আমি তোমার ব্যাকরণের হিমাঙ্ক জমিতে হাল ব'য়েছি,
এবার তোমার প্রতিশ্রুত রম্যরসের ফসল কুড়াবো!

আমি তোমায় চিনেছি এবার
বিদেশীনির নির্বন্ধে,
আমি জানি নীতি ও সংরক্ষিত স্মৃতির আড়ালে লুকানো তোমার উন্মাদতা,
যে গৌরবে আমি বিশ্বাসী, হেথায় তোমার প্রবল অসম্মতি।
আমি জানি আমার আকাংখার হতাশা অগ্নিসম জ্বলে!
কিন্তু ভেবনা তোমার ছন্দ দুয়ারে এসেছি শূণ্য হাতে
- অন্য ঐতিহ্যের ধন-সম্পদ সেত আমারই,
অনেক কোহিনূর খচিত মুকুট আমার সাথে।

এবার আমার পালা তোমায় আমার গৃহে ডাকা,
আমি তোমায় ভালবাসতে শিখেছি
- দুঃসহ, কন্টক পথের অন্তরালে।

For generations you called to me,
siren of the seven western seas,
though now you may deny this and tell me
to go back to where I came from.
Your images were the barbed lines
that drew me, torn, to this island keep.

Your words raise spectral songs to haunt me.
I have subverted your vocabulary
and mined rebellious corridors of sound.
I have tilled the frozen soil of your grammar
– I will reap the romance of your promises.

I know you now
with the persistance that a stranger musters.
I know the madness hidden in your rules and
relics,
I see the glory where you would disown it.
I know my own desparate yearning,
but I do not come to your rhythms empty-handed
– the treasures of other traditions are mine,
so many koh-i-noors, to be claimed.

It is now my turn to call you at my homecoming.
I have learnt to love you
– the hard way.

আমার ছোট বেলা

সুরাতন বিবি

আমি আমার পিতামাতার একমাত্র সন্তান। ভাইবোন আর কেউ ছিল না। অতীতকে যতটা মনে পড়ে, আমার বাবা সবসময় বিলাতে থাকতেন। তখন আমি ও আমার আম্মা একা বাংলাদেশে ছিলাম, আমাদের পরিবারে পুরুষ মানুষ কেউ ছিল না বাজার ক'রে দেবার। কেহকে কাপড় কিনে দিতে অথবা বাজার করে দিতে বল্‌লে বলতো 'টাকা দাও, তোমাদের বাজার করতে গেলে আমার একদিনের কাজের ক্ষতি'। কাজেই যখন আমরা বাজারের টাকা দিতাম আমাদের পয়সা দিয়ে বাজার করে দিত এবং তার নিজের ঘরের বাজারও করতো।

বাবা নিয়মিত টাকা-পয়সা পাঠাতেন। তবে অনেক সময়ই আমি ও আমার আম্মা ভাবতাম টাকা পয়সা থাকলেই সব হয় না। প্রায়ই ভাবতাম এমনি করে আর কতদিন কাটবে। বাবার বাড়ী আসার অপেক্ষা করতাম। এমনি ভাবে ১৫ বছর কেটে যায়। আমাকে দুই বছর বয়সের রেখে বাবা বিলেতে আসেন। হঠাৎ করে মনে হলো বাবাকে আমার একটা ফটো পাঠাই, হয়তো বাবা আমার ফটো দেখে আমাদের দেখতে আসতে পারেন। সত্যি তাই হ'লো বাবা আমার ফটো দেখে অল্পদিনের মধ্যেই দেশে এলেন।

বাবা দেশে এলে আমরা' আমাদের দিনগুলি কেমন কেটেছে সবই উনাকে বলি। উনি আমাদের বললেন "লোকে শুধু টাকা চায়, লোকের ভালবাসার কোন মূল্যই নাই"।

MY CHILDHOOD

Suraton Bibi

translated by Safuran Ara and Debjani Chatterjee

I am the only child of my parents, I have no brothers or sisters. As far back as I can remember, my father was always residing in England, while my mother and I lived alone in Bangladesh. We had no male in our family to do the market shopping. If we requested anyone to help us out by doing any shopping for groceries or clothes, they would demand payment because they claimed that it wasted their working day. When we would pay someone to do our shopping, they would shop for us at the same time that they did their own shopping.

My father used to send us money regularly but often my mother and I would think that money was not everything. We would often wonder how much longer we would have to go on like this. We would long for my father's return. In this way fifteen years passed. My father had left me when I was two years old to go to England. Suddenly it occurred to me that I would send him my photograph – perhaps on seeing my picture he would decide to come to visit us. In fact this is

exactly what happened. Within a short while of seeing my photograph, my father came home.

When my father came home we told him everything about how our days passed. He told us, ''People are only after money, they set no value on human relationships.''

একটি কথা

মনি

আমার ডাক নাম মনি।
আমি একটা কিছু
নিজের কথা লিখতে চাই।
দেশ ছেড়ে আমি ইংল্যাণ্ডে
এসে আমার কোন
কিছু ভাল লাগে না।
আমি শুধু একা।
আমার আত্মীয় স্বজন
এদেশে কেহই নাই।
শুধু জন্মভূমির কথা
আমার সব সময় মনে পড়ে।
আর বিশেষ কিছু লিখার নেই।

A WORD

Moni

translated by Debjani Chatterjee

My nickname is Moni.
I would like to write down
something about myself.
On leaving my country
and coming to England,
I find that there is
nothing that I like.
I am all alone.
I have no family
or other relatives in this land.
Thoughts of the land of my birth
are always in my mind.
I haven't got much more to say really.

একজন ছাত্রী ও মা'র ভূমিকা

সামিম রহমান

অনুবাদ: সফুরন আরা

আমি আশা করি আমার এই দুঃসাহসিক অভিজ্ঞতা অনেক বোনদের, মা ও স্ত্রীর ভূমিকা পালনের সাথে উচ্চশিক্ষা ও পেশায় এগিয়ে আসার প্রেরণা দেবে।

১৯৭১ সালে আমার বিয়ের দশদিন পরে আমি আমার স্বামী ডাঃ জিয়াউর রহমানের সাথে বিলাতে আসি। এশিয়ার অন্যান্য বিবাহের মত আমাদের বিয়েটাও আয়োজন করা একটি বিয়ে ছিল। একই সঙ্গে আমি আমার স্বামী ও একটি নুতন দেশকে জানতে শিখি। প্রথমদিকে আমি খুবই একাকিত্বতা অনুভব করতাম। - আমার স্বামী জুনিয়ার ডাক্তার হিসাবে সর্বদাই কাজে থাকতেন। বেশীরভাগ রাতেই উনি হস্‌পিটালের কাজে থাকতেন। শুরুতেই আমরা সংসার শুরু করি এবং পরবর্তী সাত বছর আমি ছেলেদের নিয়ে ব্যস্ত থাকি। আমি সম্পূর্ণভাবে মা ও স্ত্রীর দায়িত্ব পালনে আনন্দে ছিলাম। যাই হোক, সময় যেতে লাগলো, আমার দুই ছেলে স্কুল শুরু করলো, আবার আমার জীবন শূণ্যতায় ভরে উঠলো।

নয়টা থেকে তিনটা পর্যন্ত আমি বাড়ীতে একাকি থাকতাম। আমার অনুসন্ধিৎসু মনের জন্য, বাড়ীর কাজ, রান্না, ঘর বাড়ী পরিষ্কার, এগুলো যথেষ্ট ছিল না। আমার জীবনে যা যথার্থ ও প্রতিদ্বন্দিতামূলক, এমন কিছুর অনুসন্ধানে আমি ভীষণভাবে চেষ্টা কোরতে লাগলাম। যুক্তির সাথে সুন্দরভাবে আমার নিজের যোগ্যতাকে কাজে লাগাতে চাইলাম।

আমি সেন্ট্রাল লাইব্রেরীতে গিয়ে বিজ্ঞান বিষয়ক বই ধার করে পড়তে শুরু করি। আমি, আমার বিয়ের আগে ইণ্ডিয়াতে বিজ্ঞান বিভাগে পড়াশুনা করছিলাম। আমার উৎসাহ দেখে আমার স্বামী আমাকে পড়াশুনায় ফিরে যেতে প্রেরণা যোগায়। আমরা দু'জনেই যথার্থ কোর্স এর

A STUDENT MOTHER

Shamim Rahman

I write this in the hope that my experience will give encouragement to many of my sisters to venture into higher studies or to undertake some career, along with their important roles as wives and mothers.

I accompanied my husband, Dr Ziaur Rahman, to the U.K. ten days after our wedding in 1971. As our wedding was an arranged one like many other Asian marriages, I had to get to know my husband and the new country at the same time. Life at first was extremely lonely – my husband, being a junior doctor, used to be on call, as part of his hospital duties, almost every other night. Luckily we started a family straight away and I soon became very busy with the children for the next seven years. I thoroughly enjoyed being a wife and a mother. However, as time passed and both our sons started school, again an emptiness came into my life; I was on my own all day at home from 9 am to 3 pm. Just housework, cooking and cleaning did not seem enough to feed my enquiring mind. I desparately wanted to do something

অনুসন্ধান করি। শেফিল্ড পলিটেকনিকে পার্ট-টাইম বি এস সি অনার্স ডিগ্রী কোর্স করার সুযোগ পাই, যা আমার পারিবারিক জীরনধারার কোন ব্যাঘাত করে নি। আমি বিশেষ আনন্দ ও প্রতিদ্বন্দিতার সাথে রষায়ণ, জীববিদ্যা ও অঙ্ক বিষয় নিয়ে পড়াশুনা করতে আরম্ভ করলাম। প্রতিটি বিষয় ভালই হ'চ্ছিল।

অবশ্যই জীবনটা একটি নির্বিঘ্ন সমুদ্র যাত্রা নয়। দেড় বছর পর আমায় অবাক ক'রে আমাদের তৃতীয় সন্তান এলো। আমি উভয় সঙ্কটের মধ্যে পরে গেলাম, পড়াশুনা চালিয়ে যাওয়া, না এদের (ছেলেমেয়ে স্বামী) বর্জন করা। আমি, আমার স্বামী ও বিভাগের প্রধান অধ্যক্ষের সাথে আলোচনা করলাম। উভয়েই আমাকে উৎসাহ দিল পড়াশুনা চালিয়ে যেতে। অতঃপর দীর্ঘ সতর্কতা ও সুচিন্তার সাথে স্থির করলাম, পড়াশুনা চালিয়ে যাবো।

১৯৮১ সালে ২০শে এপ্রিল আমার পরীক্ষার ঠিক আগে আমার কনিষ্ঠ পুত্রের জন্ম হলো। আমি বেশ হিম্‌সিম্‌ খেতে লাগলাম। ছেলের যত্ন নেওয়া ও পড়া চালিয়ে যাওয়া। আমি আমার স্বামীর কাছে কৃতজ্ঞ, উনার মানসিক ও শারীরিক সাহায্যের জন্য। তাঁর সাহায্য না থাকলে আমার দ্বারা কিছুতেই সম্ভব হতো না ডিগ্রি নেওয়া। উনি সবসময় আয়া রাখার ব্যবস্থা করে দিয়েছেন।

আমি সবসময় নিজেকে নিশ্চিত করেছি যে' আমার পড়া ও পেশার উন্নতির জন্য পরিবার ও সদস্যরা যাতে কোন রকম অসুবিধার সম্মুখীন না হয়। আমার সব সময়ই একটা দৃঢ় বিশ্বাস যে মায়ের প্রভাব একান্ত মূল্যবান জিনিস ছেলেমেয়ের উপর। নেপলিয়ান এর প্রবাদ "আমাকে কিছু শিক্ষিত মা দাও এবং আমি তোমাকে শিক্ষিত জাতি দিব।" শিক্ষিত মায়ের একান্ত দরকার কারণ শিশুর বেশীর ভাগ সময়ই কাটে মায়ের সাথে। বি.এস.সি (অনার্স) পাশ করার পর আমি জীব-রসায়ণ বিষয়ে পি.এইচ.ডি কোরে, 'আমার সেই ছোটবেলার স্বপ্ন' চিকিৎসা-শাস্ত্রের উপর গবেষণা কোরতে চাইলাম। অবশেষে আমি 'সাইন্স এণ্ড ইঞ্জিণিয়ারিং রিসার্চ কাউন্সিল' থেকে বৃত্তি পেয়ে, প্রফেসর

positive and challenging. I needed to use my faculties in more meaningful and constructive ways.

I started going to the Central Library in the city centre and borrowed books on science subjects, as I had studied science in India prior to my marriage. On seeing my enthusiasm, my husband encouraged me to return to active study and we both began to make enquiries about a suitable course which would give me the opportunity to study for a degree without hindering my family life. After a while I got the chance to do a BSc (Hons) part-time degree course at Sheffield City Polytechnic. I enjoyed the course tremendously and especially enjoyed the challenge of Physics, Chemistry, Biology and Mathematics. Everything seemed to work out wonderfully well.

Of course life is not always smooth sailing. After a year and a half we discovered to our surprise that I was expecting our third child. I was in a dilemma as to whether to carry on with my studies or to abandon them. I discussed the whole situation with my husband and with the head of my department. They both encouraged me to carry on. After long and careful deliberation I decided to continue.

Our youngest son, Zakir, arrived just before my exams on the 20th of April, 1981. Now it was

জি.জি.রাসেলের তত্ত্বাবধানে, শেফিল্ড বিশ্ববিদ্যালয়ে পি এইচ.ডি'র গবেষণার কাজ শুরু করি।

ইতিমধ্যে আমাদের তিন ছেলেই বড় হ'য়ে উঠে এবং ফুল-টাইম স্কুল শুরু করে। একটু যত্নের সাথে সব কিছুই একটি সুন্দর আকার নিল। আমি দিনের বেলায় আমার সময়গুলি সম্পূর্ণভাবে গবেষনায় উৎসর্গ ক'রে, সন্ধ্যার সময়টা ছেলেরা স্কুল থেকে ফিরে এলে এদের সঙ্গে কাটাই। সময়ের প্রয়োজনে সময় সময় সম্পূর্ণ পরিবারটিকেই কিছুটা সমযোঝতার মাঝে আসতে হয়। ঐ সময় আমার বড় দুই ছেলে জেরিন ও নাজিবের থেকে যথেষ্ট সাহায্য পাই। যারা ১৫ ও ১৩ বছর বয়সের। অল্প কিছুদিনের মধ্যেই আমি আমার পি এইচ.ডি শেষ করতে পারবো বলে আশা করছি। যখন আমি ডক্টর বলে অভিনন্দিত হবো, আমার মনে হয় সমস্ত প্রশংসা আমার স্বামী ও ছেলেদের প্রাপ্য হবে।

এখন' যখন আমি পিছন ফিরে তাকাই, আমার খুব ভাল লাগে এই ভেবে যে এই প্রতিদ্বন্বিতামূলক সিদ্ধান্ত নিয়ে, একজন ছাত্রী, স্ত্রী ও মায়ের ভূমিকা নিয়েছিলাম। সংসার ও সন্তানদের নিয়ে আমার একটি শান্তিপূর্ণ জীবন, তদুপরি আমার মনে কর্মজীবনের আকাঙ্খাকে অনুসরণ করার আনন্দ আছে, যার ফলে আমি সমাজকে নিজস্ব কিছু দিতে সমর্থ হতে পারি। আমার মনে হয় আল্লাহ্ই সহায়ক যে আমার এই সুন্দর সহনশীল পরিবার দেবার জন্য। আমি অকপটভাবে আশা করি এই উদাহরণ আমার বহু বোনদের উৎসাহ উদ্দীপনা দেবে নিজের ভবিষ্যৎ জীবনে উন্নতি ক'রে দাড়াবার। প্রত্যেকের জীবনেই একটি বিশেষ কর্মের ভূমিকা আছে, এবং সমাজকেও কিছু দেবার আছে। শুধু প্রয়োজন, সুযোগকে কাজে লাগানো এই ভূমিকা পালনের জন্য।

my formidable task to care for my baby in the best way possible and at the same time to continue with my studies. I shall always be grateful to my husband for his great moral and physical support. It would have been impossible to carry on and achieve a good degree at the end of my course without his help. He also provided a nanny for the baby.

I was determined that my family must on no account suffer due to my pursuit of studies and a personal career. I have always had the deep rooted belief that a mother's influence is most important in a child's life. Napoleon rightly said, "Give me a few educated mothers and I will give you an educated nation." So to be an educated mother as well as a good mother is very important because children spend most of their formative years with their mothers. After my BSc (Hons) degree I wanted to do a Ph.D in Biochemistry and get involved in medical research, something which had been my childhood dream. Finally I got a scholarship from the Science and Engineering Research Council to enable me to enroll for a Ph.D degree at the University of Sheffield under the supervision of Professor R.G.G. Russell.

In the meantime all three of our boys were growing up and had begun to attend school full-time. With a little effort, everything fell into place.

I was able to devote my time to my research work during the daytime and still manage to be at home for the boys when they came back from school. At times of course it was very hard and all the family have had to adjust themselves to the situation as it arose. These days I get a lot of help from my two elder sons, Zareen and Najib, who are fifteen and thirteen years of age. I am hoping to complete my Ph.D research very shortly. When I am awarded my doctorate, I feel that much of the credit should go to my dear husband and three wonderful sons for their solid and continuous support over the years.

Now when I look back, I feel really happy that I took the initial challenge to be a student as well as a housewife and mother. I have the comfort of a nice home and children, as well as the joy of pursuing my career ambitions so that I may in a modest way make my own contribution to society to which I owe so much. I thank God for making it all possible for me and for providing me with such a co-operative family. I sincerely hope that my example will give courage to all my sisters to think positively of the future and make something of their lives. Everyone has an important role to play in life and much to give to society; it is necessary to grasp one's opportunities so that one can fulfil one's role.

একটি সুন্দর সকাল

অনামিকা

রাত্রি ৯টা, ঢাকা বিমান বন্দর। বিমান বন্দর এই প্রথম দেখলাম। বহু লোকের আনাগোনা, আমার সঙ্গে বাবা, ভাই। নিশ্চিত একটি ভবিষ্যতের হাতে আমাকে তুলে দিল এই হয়তো ছিল তাদের মনে। কিন্তু ভাগ্যের কি বিড়ম্বনা। কোথায় আমার নিশ্চিত ভবিষ্যত ?

১৯৮৪ সাল, ৯ই জুলাই বিলাতে এসে পৌছলাম। আমি একা। আজও আমি একা। অনেক দিন কেটে গেল, এরই মধ্যে অনেক এলোমেলো ঘটনার সাক্ষী আমি। আমি, আমার মনের অবস্থা কি ছিল সেই দিনটিতে, আজ আর মনে করতে পারছি না। তবে ঘটনা একের পর এক অনেক গেল, কিছু ভুলে গেছি, কিছু মনে হয়, আবার কিছু ঘটনা খুব ব্যথা দেয়, দুঃখ দেয়।

অনেক সকালে পৌছলাম **হিথ্রো** এয়ারপোর্টে, কেউ নেই, কোন একজনার আসার কথা, সে এখনও পৌছায় নি। ইমিগ্রেশন এর নানা প্রশ্নের সম্মুখীন হতে হলো। দেশ থেকে বহু কিছু শিখিয়ে দিয়েছিল তোতা পাখীর মত কিন্তু কিছুই বলতে পারিনি, অনেক প্রশ্নের মাঝে সব হারিয়ে গেল।

প্রথম বিয়ের বন্ধন ছেড়ে এলাম। দ্বিতীয় বিয়ে হবে সেই আশায়।

যে আমাকে আনতে গেল এয়ারপোর্টে সে যে একদম নতুন কেউ তা নয়; শুধু মাত্র পরিচিত এক ব্যক্তি। সঙ্গে তার ছেলে। লণ্ডন থেকে শেফিল্ড গাড়ীতেই এলাম। বাড়ীতে আরও দুই ছেলে ও ছেলের বধূ ছিল। সবাই বেশ উৎসাহ ও আনন্দের সাথে অভ্যর্থনা জানালো এবং গ্রহণ করলো। বাড়ীতে কানাঘুসা চলছে, এইভাবে দুইদিন চলে গেল। তারপর তৃতীয় রাত্রির ঘটনা; যে লোকটি আমাকে আনতে গিয়েছিল এয়ারপোর্টে,

ONE BEAUTIFUL DAWN

Anonymous

translated by Safuran Ara and Debjani Chatterjee

It was nine o'clock at night in Dhaka Airport. This was my first time seeing an airport. There were many people coming and going. My father and brother came to see me off. At that time they probably thought that they were sending me to a future of promise and security. But alas, what a turn fate took! Where is that future now?

On July 9th 1984 I arrived. I was alone that day just as I am alone today. Many days have passed in between and I have witnessed many bewildering events. I cannot remember how I felt that day, nor what thoughts went through my mind. But so much has happened since that day. Some of the things I have forgotten, others I remember. Some memories are very painful.

I landed at Heathrow Airport very early in the morning. There was no one at the airport to help me. The person who was supposed to receive me was late. The Immigration people asked many questions. Before I left home I was told many things about "immigration" and I tried to memorise these like a bird. Now when I faced the

তিনিই আমাকে বিয়ে করবেন বলে প্রস্তাব দিলেন। অবাক বিস্ময়, রাগ দুঃখে নানা কথা বলতে চাইলাম, কিন্তু কিছুই তাদের যুক্তি তর্কের কাছে টিকলো না।

১২ই জুলাই বিলেতের আইন সম্মত আমাদের বিয়ে হ'লো। আমাদের দুজনার বয়সের অনেক তফাত তবে স্বামীর ভালবাসা, প্রেমের অন্ত ছিল না। ভাগ্য মেনে নিলাম।

সাধারণ একটা মেয়ের যা চাওয়া পাওয়ার থাকে তাই আমারও ছিল। এর চেয়ে বেশী কিছু নয়। এরই মধ্যে ডিসেম্বর মাস এলো। ঠিক হলো ছেলের বউ সহ আমরা দেশে যাবো বেড়াতে। এবং তাই করা হলো। সঙ্গে আমার যাওয়া আসার টিকিট।

দেশে যাবার পর শুরু হলো পারিবারিক সমস্যা, আড়া আড়ি। ইতিমধ্যে আমার স্বামীকে পরিবারের সবাই আবার একটা বিয়ে দেয়। তখন আমি ছিলাম আমার বাবার বাড়ী এবং এদেশে আসা পর্যন্ত তাই ছিলাম। উনি আমার ভরণপোযন পাঠাতে এতটুকু ক্রুটি করেনি।

পরিবারে যে অশান্তি ও অন্যান্য ব্যাপার কিছু ছিল তা আমি বিলেতে বসেই আঁচ করতে পেরেছিলাম।

দিনগুলি ছবির মত আমার চোখের উপর ভাসছে। স্বামী ভীষনভাবে জড়িয়ে পড়লো পরিবারের বেড়াজালে। এমনি একদিন উনি ঠিক করলেন আমাকে একাই বিলাতে পাঠিয়ে দিবেন। টিকিটের দিন তারিখ ঠিক করতে আমরা দুজনাই ঢাকায় এলাম। নানা দিক থেকে পরামর্শ ছিল দুজনাকেই চলে আসা। উনি কারোপরামর্শই গ্রহণ করেন নি। টিকিটের দিন ঠিক করে দেশে গেলাম তবে ব্যাপারটা সম্পূর্ণভাবে গোপন রাখলাম।

উনার তৃতীয় পক্ষের স্ত্রী দাবী করতে আরম্ভ করলো বিষয় সম্পত্তির, বিষয় সম্পত্তি উইল করেন নি; উনি বলেছিলেন উইল করার প্রয়োজন নাই। ওয়ারিসদারটা আইনসম্মতভাবে পাবে। হায়রে ভাগ্য এই বুঝি তার "মরনকাল" ডেকে আনলো। এই ঘটনার ৮ দিনের মধ্যে "উনার" মৃত্যু হয়। একদিকে স্বামীর মৃত্যুর শোক তার উপর আত্মীয়স্বজন প্রতিবেশী সবাই দিতে

Immigration men, I could hardly remember anything.

I was divorced before I left home and expected to marry again very soon in England. The person who finally turned up to receive me was someone whom I cannot describe as a total stranger, but nor was he close to me. He was accompanied by his son. From London we drove to Sheffield. There my host who was a widower had two other sons and their wives waiting at home. They all received me with warmth and pleasure. They would arrange a decent match for me, I thought.

Two days passed. I heard ominous whispers in the house. On the third night, the man who had received me at the airport formally proposed. Needless to say that I was quite taken aback. I felt hurt and angry with him, but he brushed aside my protests. On the following day, July 12th, we were married. My husband was much older than me, but he genuinely loved and cared for me. I accepted what happened as being my fate.

I expected only what an ordinary girl would expect, nothing more and nothing less.

It was planned that we would go home on vacation towards the end of December, along with the wives of my stepsons. I was given a return air

আরম্ভ করলো মানসিক যন্ত্রনা।

স্বামীর মৃত্যুর ২৭ দিন পরে অনেক সাহস সঞ্চয় ক'রে চলে এলাম আবার শেফিল্ডে। সঙ্গে ছিল দুই ছেলে (প্রথম পক্ষের) এই শুরু হলো ভাগ্যের লীলা খেলা। নানাভাবে লোকে শুরু করলে ষড়যন্ত্র। অবুঝ ও অনভিজ্ঞ ছিলাম। সবার কথা বিশ্বাস করেছি, ভয় পেয়েছি নানাভাবে।

ছেলে ও ছেলের বউদের সাথে থেকে কষ্ট করতে আরম্ভ করলাম। খাওয়ার কষ্ট। ঘুমের কষ্ট। টাকা পয়সার কষ্ট। সোসাল সিকিউরিটির এলাউন্স পেতাম, তবে ওরা সবই কেড়ে নিত। বাড়ীতে রান্না খাওয়া বাজার বন্ধ করে দিল। দিনের পর দিন নানা কষ্টে আমাকে জর্জরিত করে তুল্‌লো।

ইতিমধ্যে প্রথম পক্ষের ছেলেরা আইনের সাহায্যে চেষ্টা করতে আরম্ভ করলো কিভাবে বাড়ী ও সম্পত্তি তাদের নিজেদের নামে লেখাপড়া করে নেওয়া যায়।

প্রতিবেশী বাঙ্গালী পরিবার আমাকে এই খবরটা দিল এবং সাহায্য করতে উৎসাহী হলো। কোন ক্রমে সলিসিটারের নাম যোগাড় ক'রে দেখা করলাম। ইংরেজী বলতে পারি না এক অক্ষর কিন্তু তবুও বাস্তব জগতে পা' বাড়ালাম। আমার কঠিন সময় আরও অগ্রসর হয়ে এলো।

এমন এক সকালে, সকাল ৫টার সময় সবাই ষড়যন্ত্র ক'রে আমাকে বাড়ী থেকে বের করে দিল। আশ্রয় নিলাম প্রতিবেশী বাঙ্গালী বাড়ীতে। সে জানতো এই বাড়ী ছাড়া মানে আমার সর্বস্ব শেষ। শেষ পর্যন্ত নানাভাবে ছলে কৌশলে আমার কাছ থেকে বাড়ীটা এরা নিয়ে নিল। বিনিময়ে দিল আমাকে কিছু পাউণ্ড। নানা রকম ভয় ভীতি দেখালো। ওদের কথা না শুনলে, ওরা সরকারে চিঠি দেবে এবং বিলাত থেকে চলে যেতে হবে আরও কত রকম ভয়; এ যে যুযু দেখার ভয়।

কিছুদিন এই বাড়ীতে থাকার পর' ওরাও বলেছিল আমার আর থাকা সম্ভব নয়। খুঁজতে লাগলাম বাসস্থান। আবার বহু লোক, বহু পরামর্শ। শুরু হলো নানা ভাবে সামাজিক চাপ, পুরুষ লোক শুরু করলো' অসভ্য আচরন।

ticket. Once in Bangladesh serious family problems erupted. Some of my husband's family problems I had already guessed at before leaving England for our holiday. My husband now married again and I went to my parents with whom I stayed as long as I was in Bangladesh. My husband, however, would send money regularly.

I remember those days now as if they appear on a mirror. My husband became deeply involved with his family difficulties. At last one day he came to me and told me that I should return to England alone. We met at Dhaka where some of my husband's friends advised that we should both travel back to England together. But my husband did not heed them. Anyway, we returned to the village after making the arrangements for my departure for England.

In the meantime my husband's new wife made a claim on his property. My husband had not made any will, believing it to be unnecessary as each of his wives and relatives would inherit according to the law. Unfortunately the claims on his property by his third wife and other relatives were a serious strain on him, and within a week my husband collapsed and died. On top of my grief, neighbours and other relatives were putting various pressures on me. Finally, a month after my husband's death, I gathered all my courage and

শুনেছি শেফিল্ডে বাঙ্গালীদের একটা আপিস আছে যেখানে গেলে সবাই সাহায্য পায়। অনেক খোঁজ খবর করার পর পেলাম তার সন্ধ্যান। বাঙ্গালী এক মহিলা কাজ করেন, সাহায্য করলো এমনকি ওনার বাড়ীতে স্থান দিল। সপ্তাহ দুই পরে উনিও ব'লে দিলেন আমি আর থাকতে পারবো না।

সেই অসহায় মুহুর্তে' বহু বাঙ্গালী পুরুষ চারদিক থেকে ঘিরে ধ'রলো পশুর মত আমাকে কামড়ে খেতে। বেরিয়ে এলাম ঐ বাড়ীতে থেকে। হঠাৎ মনে হলো পরিচিত এক পরিবারের কথা। ঠিকানা জানা নাই তবে টেলিফোন নম্বর জানা আছে কিন্তু টেলিফোন করি নি আগে কোনদিন, কিভাবে নম্বর ঘোরাতে হয় জানা নাই। তবুও পাবলিক টেলিফোন বা**কেস** গিয়ে দাঁড়িয়ে রইলাম বহুক্ষন, চেষ্টা করলাম কয়েকবার হঠাৎ যেন মনে হলো ঠিকতো - এই তো কণ্ঠ যাকে খুঁজছি। টেলিফোনে কিছুটা বলতে চেষ্টা করলাম তবে উনি জেনে নিল আমি কোথায় আছি। তারপর আমাকে নিয়ে গেল। আশ্রয় দিল। এরা স্বামী-স্ত্রী মাত্র দুজনায় ছিল একটা কাউন্সিল ফ্ল্যাটে থাকতে শুরু করলাম এদের সাথে। বাড়ী ভাড়া ও খাওয়া ও খাওয়া খরচ বাবদ টাকা দিয়ে।

যতই দিন যেতে লাগলো, নানাভাবে এরা আমাকে জড়িয়ে নিতে লাগলো এদের পারিবারিক সমস্যায়।

আমার সাধারণ ও সহজ মনের সুযোগ এরা নিতে আরম্ভ করলো। দিনে রাত্রিতে নানা রকম পুরুষ লোক এরা বাড়ীতে আনতে আরম্ভ করলো। ধীরে ধীরে ঠেলে দিতে লাগলো সমাজের অকাজ ও কুকাজের দিকে। হঠাৎ যেন আমার চৈতন্য এলোএবং সেই দিনই ঠিক করলাম আর এ বাড়ীতে নয়। খোঁজ নিয়ে জানতে পারলাম, আমি আলাদা বাড়ীতে ভাড় থাকতে পারি। যদিও কোনদিন একলা বাড়ীতে থাকিনি তবুও দাঁতে দাঁত কামড় দিয়ে এক বাড়ী ভাড়া করলাম। বাড়ীটা বেশী ভাল ছিল না' তবুও মনে হলো শান্তি; মনে হলো আর কেউ বিরক্ত করবে না। কিন্তু তাকি পেলাম ! রাত্রিদিনে আরম্ভ হলো যন্ত্রনা, বিরক্ত করা। নালিশ করতে এলাম এড্ভাইস্ সেন্টারে। বাঙ্গালী ভদ্রলোক পরিচয় দিল বাঙ্গালী মহিলা

returned to Sheffield. Two of my stepsons came too.

Once back in England, I faced new problems. Being inexperienced and naive, I would trust almost anyone. I was staying with my stepsons and their wives in the house that had belonged to my husband. But soon my stepsons took away my social security money. They would not give me enough food or money for expenses.They would not provide any decent place for me to sleep. For days at a time I would not be given any food. The suffering was unbearable. In the meantime my stepsons were trying to transfer the house and its contents in their names. I was made aware of this by some Bengali neighbours who offered me their help. Somehow I managed to get the name of a solicitor and to meet him. But I could not speak any English and I realised how completely helpless one is if one does not know the language.

Early one morning at 5.00 am one of my stepsons forcibly threw me out of the house. As an emergency measure, a Bengali neighbour gave me shelter in his home. But I did not know that I had not yet reached the end of my suffering. My stepsons were eventually able, by deception, to transfer the house in their names. I was only given a tiny amount of money in compensation. They

সমর্থনকারী সংস্থার এক সদস্যের সাথে। এই সংস্থার চেষ্টায় একটা ভাল বাড়ী পেলাম। উঠে গেলাম ঐ বাড়ীতে। ভাল আছি। অনেক ভাল। কষ্ট হয়, পরিশ্রম হয়, কিন্তু সান্ত্বনা, শান্তি আমি নিজের পায়ে দাঁড়িয়েছি। এখন আমাকে অনেকে দেখলে ভয় পায়। আমার কিছু দেশী বিদেশী বান্ধবী হয়েছে যারা নানাভাবে সাহায্য করে, যত্ন করে। নিজের বোনের মতই দেখে। আমি এদের বাড়ী যাই, এরা আমার বাড়ীতে আসে। এখন আর সকালগুলি যন্ত্রনাময়, চিন্তায় জর্জরিত নয়।

একটা সুন্দর সকাল আমার সামনে।

threatened me with various consequences if I did not agree to the deal. They even threatened that they would write to the Immigration authorities and have me deported as a nuisance.

After a few days the neighbours with whom I had sheltered asked me to leave their house. I had nowhere to go to. People in my community came up with various suggestions. Some put pressures on me too. Some men started making indecent gestures. I heard that there was an advice office for Bangladeshis in Sheffield and after much effort I finally got the details of its location. A Bengali woman who worked there was helpful and gave me shelter in her house. But after fifteen days she too said that she could no longer accommodate me. I felt terribly helpless. At this moment a number of Bengali men tried to take advantage of my difficult position. These people were cruel. I cannot think of them as Bengalis, or even human beings, they are like savage animals.

So I was again without any shelter and stood on the street. Then I thought of an acquaintance. I did not know the address but I did have the telephone number. I did not know how to use the telephone but I was desperate. I walked to a public phone booth and stared at the telephone for a long time. Then after many attempts to dial the number, I was at last successful in reaching the

family I was acquainted with. It was so reassuring to hear a known voice! The gentleman who answered the phone asked me to wait right where I was calling from and then he came to fetch me to his Council flat where he lived with his wife. I stayed with them and paid for my food and lodging from my social security money.

As the days passed I realised that they had their family problems too. I also discovered that some of their visitors would give me very peculiar looks. Soon these people started making lewd suggestions and I realised the danger that I was in. Straight away I decided that I must leave. After enquiring at various places I learnt that I could rent a house in my own right. I had never lived in a house alone and I was afraid, but somehow I had to find the courage and I rented a place. It was a poor enough place but I felt some satisfaction that it was my own and I did not have to be obliged for this shelter to anyone. Unfortunately I was not left alone in peace as I had hoped. Certain men would turn up at the doorstep, both in the day and at nightime, and would harass me with offensive talk and gestures. Finally I complained to an advice centre.

That was when I met someone who was a member of Bengali Women's Support Group. She invited me to the Support Group's meetings. With

the help of the Support Group and Sheffield Council for Racial Equality, I was able to find decent accommodation for myself at last. Now I have both food and shelter. I am well. I can stand on my own two feet. I am not afraid any more. I have a few friends now – both Bengali and non-Bengali. They visit me and help me. I no longer have to worry about food or shelter or about the pestering of wicked men. At last I can be at peace and it is a wonderful feeling. A beautiful dawn is beginning.

এবার সময় এসেছে

রেহানা চৌধুরী

শোন হে বিশ্বের মাতৃসমাজ -
শোন কান পেতে -
এবার সময় এসেছে,
মানুষ কর তোমার
আদরের পুত্র ধন
তোমারই আত্মজদের। -

NOW THE TIME HAS COME

Rehana Chaudhury

translated by the author

O mothers of the world, listen.
Listen with great care:
now the time has come
to make men of your
darling sons,
your own flesh and blood.

আজ তোমার কোলে
দোলে, চাঁদসম যে
নবশিশু,
বড় হ'য়ে না হয় যেন সে
ঘৃণ্য এক নরপশু।
ঘাতক যেন না হয় সে
না হয় পাপাচারী,
দূর্নীতিবাজ, ধোকাবাজ,
অথবা অত্যাচারী।

বুঝিয়ে দিও তাকে
সে যে নারীরই সন্তান,
শিখিয়ে দিও তারে
কিভাবে রাখতে হয়
নারীর সম্মান।
এবার তার সময় এসেছে।

জঘণ্য কোন কাজে
না যেন করে সে
নিজেকে লিপ্ত,
নারী সে যে অবলা,
তারে বলাৎকারে
না যেন হয় সে
চির পাপিষ্ঠ।

চাইনা জানাতে
বড় হ'লে কী হবে সে -
ডাক্তার, কেরাণী, ইঞ্জিনিয়ার,

Now the beautiful baby,
newborn,
bright as the moon,
is dandled on your lap.
See that he does not become
some loathsome criminal,
an evil murderer, a corrupt sinner,
a deceiver, an oppressor –
when he grows up.

Make him realise
he is born of woman,
teach him respect for women.
Now the time has come.

See that he does not engage
in any violence against women,
for they are gentle.
By committing rape
he brands himself a sinner forever.

I do not want to know
whether he will become –
a doctor, a clerk, an engineer,

উকিল না মোক্তার।
মজুর, ব্যবসায়ী না জজ-ব্যারিষ্টার।
শুধু জানতে চাই -
মানুষ হবে কি সে
সত্য ও ন্যায়ের ?
রাখবে কি মান
তার গর্ভধারিনীর ?

হোক না সে ইহুদী,খৃষ্টান
বৌদ্ধ, হিন্দু বা মুসলমান,
আমি জানতে চাই -
সে কি ন্যায়-নিষ্ঠ,
সে কি চরিত্রবান ?

সময়ের নিয়মে সময় যাবে চলে
একদিন বড় হবে সে,
হয়তো কোনদিন হবে সে শাসক
এই পুরুষ শাসিত সমাজে।
তাই দেরী আর নয় -
এই মোক্ষম সময় -
দীক্ষিত কর তারে মানবিকতায় ও নৈতিকতায়।

a lawyer or an attorney, a labourer,
a merchant, a judge or a barrister –
when he grows up.
I only want to know
whether he will be a man
of truth and justice,
will he honour
the one who bore him in her womb?

It is of no matter
whether he is a Jew, a Christian,
a Buddhist, a Hindu or a Muslim;
I only want to know
if he has integrity and good character.

Time will pass of its own accord
and one day this baby
will be a grown man.
Maybe he will even be
the leader of a nation
in this male-dominated world!
So please don't delay –
this is the best time to endow him
with good character
and an understanding of humanity and
civilisation.

আজ শোনাও তারে -
আবার নুতন করে,
পুরাতন সে ধর্মের বাণী,
পৃথিবীর যত নীতি কথা
আর উদ্দেশ্যমূলক রূপক কাহিনী !
এবার সময় এসেছে।

জাতীয় পোষাক

অনিমা তামূলী

বিলেতে বহু ভাল মন্দ ঘটনার মধ্যে, আজ আমার বিশেষ আনন্দদায়ক ঘটনার কথা মনে পড়ল। একদিন সকাল বেলায় আমার ছোট মেয়েটিকে নার্সারী স্কুলে পৌঁছে দিয়ে বাড়ী ফিরছিলাম। পরনে আমার দেশীয় পোষাক পরা ছিল। হঠাৎ পিছন থেকে কে যেন "একস্‌কিউজ মি" বলে আমার সঙ্গে কথা বলতে চান ব'লে মনে হ'ল। পিছন ফিরে তাকিয়ে দেখি এজজন বয়স্কা ইংরেজ মহিলা আমার দিকে এগিয়ে এসে জিজ্ঞেস করলেন "আর ইউ ফ্রম আসাম?" নিজের কানকেও বিশ্বাস ক'রতে পারলাম না যে ঠিক শুনছি কিনা? ভারতবর্ষ না ব'লে "আসাম" কেন বলল? ভুলেই গিয়েছিলাম যে গায়ে অসমীয়া পোষাক পরা ছিল। আমি উত্তর দিতে একটু সময় নেওয়াতে নিজেই বললেন যে উনার বাড়ীর জানালা দিয়ে আমার অসমীয়া পোষাক দেখে উনি এলেন আমার সঙ্গে আলাপ ক'রতে।

Today, read to him afresh,
the classics of every faith;
let him inherit the truths and morals
of the world's treasurehouse
of folk tales and parables.
Now the time has come.

NATIVE DRESS

Anima Tamuli

translated by Dolly Mondal

There are so many incidents, both good and bad, that have happened in my life in this country. But I would like to tell you of a happy one.

One morning I dropped off my little girl at her nursery. I was wearing my native dress. Someone approached me and said, "Excuse me." I turned around and faced an English woman who leaned over and asked me, "Are you from Assam?"

I couldn't believe my ears, was I hearing right? Why did she say Assam instead of India? I had forgotten that I was hesitating to answer her question, when she told me that she had seen me

নিজের পরিচয় দিয়ে বললেন যে উনি মিসেস টেইলর। উনার স্বামী ডক্টর টেইলর বহু বছর আগে আসামে গৌহাটী ইউনিভার্সিটিতে ভাইস চ্যান্সেলর ছিলেন তাই আসামে ওনারা অনেকদিন ছিলেন। উনি আমাকে চা খাওয়াতে ওনার বাড়ীতে নিয়ে গেলেন। বসবার ঘরে ব'সে ব'সে আমি ভাবতে লাগলাম - এদেশে আমাদের অনেকের ধারণা যে ইংরেজরা আমাদের সঙ্গে বন্ধুত্ব ক'রতে চায় না কারণ আমরা বিলেতী পোষাক পরি না এবং ওদের মত জীবন যাপন করি না। কিন্তু আমার মনে হ'য়েছিল সেদিন এ কথা সব ইংরেজদের জন্য সত্য নয়। আমার গায়ে অসমীয়া পোষাক "মেখেলা চাদর" পরা ছিল আসামের বিশেষ সুতো "মুগা" দিয়ে তৈরী। কাঁচা সোনার রঙ্ কাপড়ের। আসাম ছাড়া অন্য কোন জায়গায় এ কাপড় তৈরী হয় না। দেখতে শাড়ীর মতই লাগে কিন্তু ঠিক শাড়ী নয়। এর দুটো ভাগ থাকে। মেখেলা কোমর থেকে পরে আর চাদর উপরের দিকে গায়ে জড়িয়ে পরতে হয়। বিভিন্ন রঙের সুতো দিয়ে কারুকার্য্য করা মুগার মেখেলা চাদর পরলে অসমীয়া মেয়েদের খুবই সুন্দর দেখায়।

ডক্টর টেইলর আমাকে নমস্কার জানিয়ে আমার কাছে এসে বসলেন। ভারতবর্ষের বিভিন্ন পোষাক পরিচ্ছদ, ভাষা, ধর্ম, সঙ্গীত এবং খাদ্য ইত্যাদির প্রশংসা ক'রে বললেন যে, ভারতবর্ষে ওনাদের আনন্দের দিনগুলির কথা কখনও ভুলতে পারেন না। সুবিধা হলেই উনারা ভারত ভ্রমণ ক'রে আসেন। স্বামী-স্ত্রী দুইজনে খুবই উৎসুক এদেশের ইংরেজদের মধ্যে ধর্ম, ভাষা, সংস্কৃতি, পোশাকাদি সম্পর্কে প্রচার করা। তাই আমাকে অনুরোধ করলেন যে আমার সাহায্যে ওনারা একটি দিনের ব্যবস্থা ক'রে এখানকার ইংরেজদের এসিয়ানদের সম্পর্কে জানবার সুযোগ দিতে চান। খুব খুশী হ'য়ে আমি রাজী হ'য়ে গেলাম যে, আমাদের সঙ্গে ইংরেজদের ভাল বন্ধুত্বের সম্পর্ক গ'ড়ে উঠতে যদি কিছু সাহায্য হয় এই ভেবে।

মিসেস টেইলর চার্চ অফ্ ইংল্যাণ্ড স্কুলের হেড্ টিচারের সঙ্গে আলোচনা করে একটি সন্ধার ব্যবস্থা ক'রে ফেললেন। নাম দিলেন "ইণ্ডিয়ান ইভিনিং"। স্কুলের প্রতিটি ছেলে মেয়েদের হাতে নেমন্তণ্ণ চিঠি

from her window and that was why she had come to talk to me. She introduced herself as Mrs Taylor. Her husband, Dr Taylor, had been Vice-chancellor of Gauhati University. That was why they had lived in Assam for a long period.

She invited me in for a cup of tea and went to call her husband. Sitting in their living room, I reflected on how our people think that the English don't want to be friends with us because we don't wear their clothes and do not lead our lives as they do. But that day I thought that this is not always the case.

I was wearing the regional costume of Assam, Mekhla Chador, which is made of Assam's special silkworm thread. The colour of the material was golden. It is only in Assam that they make this type of clothing. It looks like sari material but is not. It consists of two parts: one part is the Mekhla, worn like a skirt, and the other part is worn like a shawl. It is embroidered with different colours of thread and this is done in a very artistic way. Assamese girls look really beautiful wearing Mekhla Chadors.

Dr Taylor greeted me. He began by praising Indian costumes, languages, religion, music and food. He told me how happy he had been in India, he would never forget those days. Whenever they got a chance they would return to India. Both

পাঠিয়ে দিলেন মা-বাবাদের জন্য। বিশেষ "ইণ্ডিয়ান ইভিনিং" এসে গেল। আমি মহা আনন্দে এক্সিভিশনের ব্যবস্থা করলাম। ভারতবর্ষের বিভিন্ন প্রদেশের রঙ বেরঙের পোশাক, কনে সাজাবার পোশাক, গহনা, নানারকম হাতে তৈরী কারুকার্য্য করা ঘর সাজানো জিনিষের যোগাড় করলাম। দেশীয় সঙ্গীত এবং দেশীয় মুখরোচক খাবারেরও ব্যবস্থা করলাম।

ইংরেজ লোকদের আমাদের সম্পর্কে জানবার এত আগ্রহ তা সেদিন জানতে পারলাম। প্রচুর ইংরেজ মহিলা-পুরুষ এবং ছেলেমেয়েদের উপস্থিত হ'তে দেখে মনে খুবই উৎসাহ পেলাম। প্রতিটি লোক এক্সিবিশনে কত প্রশ্নের মাধ্যমে আমাদের ভাষা, ধর্ম, পোষাক পরিচ্ছদ, আচার ব্যবহার, সঙ্গীত কলা এবং খাদ্য সম্পর্কে জানতে চেয়েছিলেন। ডক্টর টেইলর প্রচুর ছবি এনেছিলেন ভারতবর্ষের, তাও দেখানো হ'য়েছিল। প্রতিটি মানুষ সেদিন মূল্যবান সন্ধ্যা, সঙ্গীত এবং মুখরোচক খাবার উপভোগ করে বিদায় নিলেন।

"ইণ্ডিয়ান ইভ্‌নিং" এত সার্থক হ'য়েছিল যে পরের দিন আমার ছেলে মেয়ে স্কুল থেকে এসে আনন্দের সঙ্গে গর্ব করে বলেছিল যে তারা এখন স্কুলে খুবই বিখ্যাত হ'য়ে গেছে। প্রতি দিনই স্কুল থেকে বাড়ীতে এসে নানারকম ভারতবর্ষ সম্পর্কে প্রশ্নের উত্তর জানতে চেয়েছিল। খুবই খুশী হ'লাম যে তারা নিজের দেশ সম্পর্কে অনেক জ্ঞান অর্জন করে ইংরেজের ছেলেমেয়েদের শেখাতে পেরেছিল। জাতি, ধর্ম, বর্ণ, বৈষম্যের কথা ভুলে গিয়ে আমার ছেলেমেয়ে সে স্কুলে তাদের বাল্যজীবন অতি আনন্দের সঙ্গে কাটাতে পেরেছিল।

ভাগ্যিস সেদিন দেশীয় পোষাক পরেছিলাম, তা না হ'লে ডক্টর এবং মিসেস টেইলরের সঙ্গে আলাপ হবার সুযোগ হ'ত কি?

husband and wife were very keen to introduce Indian religion, language, culture and costumes among English people in this country. They requested me to help them arrange an evening for English people to get to know Asian people. I gladly agreed. I thought it would be a great help in developing friendships between Asians and English people.

With the help of the head teacher of a Church of England school, Mrs Taylor organised an evening – they named it an 'Indian Evening'. They sent invitation cards to all the parents of pupils. The Indian Evening took place and I was delighted to arrange an exhibition. I prepared a display of different colourful costumes from the various states of India, bridal wear, jewellery and different hand-made crafts to decorate the home. I also organised some Indian music and delicious Indian snacks.

There were so many English pupils and parents at the Indian Evening. I realised then how much they were interested to learn about us. I was thrilled. Everyone at the exhibition asked so many questions about our languages, culture, religions, costumes and customs. Dr Taylor had brought many photographs of India and he showed these to everybody. All enjoyed the music and the food very much on that precious evening.

The Indian Evening was so successful that my children who attended that school told me proudly that they were now famous in their school. Each day when they came home from school they wanted to know the answers to the various questions that their friends asked them about India. I felt very pleased that they were now acquiring knowledge about India and even teaching their English friends.

My children have really enjoyed their schooldays, regardless of differences of race and religion, and rácism has not affected them. I thank God that I was wearing my native dress that fateful day, otherwise the Taylors would not have approached me, would they?

সফর

সারা মুখার্জি

অনুবাদ: রেহানা চৌধুরী

ভারতের সর্বদক্ষিণ প্রদেশ কেরালার এক সুদূর গ্রামে আমার জন্ম হয় এবং সেখানেই আমি বড় হই। গ্রামের ভিতরে যাওয়ার উপযুক্ত কোন রাস্তাঘাট ছিল না এবং পানির কল বা বিজলী বাতিও ছিল না। আমি যখন আমার অতীতের দিকে ফিরে তাকাই আমার সত্যি কষ্ট হয় এই ভেবে যে এখন যারা, বর্তমান বংশধররা ওখানে বড় হচ্ছে আধুনিক সুখ সুবিধার মধ্যে

THE JOURNEY HERE

Sara Mukherjee

I was born in Kerala in southernmost India and grew up in a remote village. There were no proper roads leading to my village and there was no tap water or electricity. When I look back on the life we led, I almost regret that these modern ame-

দিয়ে, তারা নিশ্চয়ই আমাদের সেই জীবনধারা বুঝতে অক্ষম।

বিদ্যালয়ের লেখাপড়া শেষ করার পর আমার সিদ্ধান্ত আমাকে আমার চির পরিচিত গ্রাম থেকে এবং আমার পারিবারিক আরাম-আয়েশ থেকে অনেক দূরে নিয়ে গেল এবং আমার ভবিষ্যতের উপর এক সুদূরপ্রসারী প্রভাব সঞ্চার করল। 'নার্সিং ট্রেইনিং' নেবার জন্য আমি সেই উত্তর ভারতের বিহারে যাত্রা করলাম। আমার জন্য এ ছিল প্রায় বিদেশে গিয়ে বসবাস করার মতই। কিছুকাল আমি বাড়ীতে ফেরার জন্য খুব কাতর ছিলাম। ছাত্রীবাসের খাবার আমার কাছে অদ্ভুত লাগত, যেমন রুটী খেতে অভ্যস্ত হতে আমার অনেক সময় লেগেছিল। বিহারে এসে আমি হিন্দি বলতেও শিখলাম। আমার 'নার্সিং ট্রেইনিং' আমাকে ভারতের নানা জায়গা থেকে আসা বহু লোকের সাথে পরিচিত হবার সুযোগ দিল এবং আমি বিভিন্ন ধরণের জীবনের সাথে পরিচয় লাভ করলাম।

বেশ কিছুদিন সেখানে কাজ করার পর আরো নতুন দিগন্ত আবিষ্কার করার জন্য পরিভ্রমণ করার ইচ্ছে হ'ল আমার। এক মহিলাকে আমি খুব শ্রদ্ধা করতাম সেখানে, তিনি আমাকে আরো উচ্চ-শিক্ষা গ্রহণ করার জন্য যুক্তরাজ্যে ভ্রমণ করার পরামর্শ দিলেন। আমি সে পরামর্শ গ্রহণ করলাম।

কোচিন বন্দর থেকে ইট্যালীয় জাহাজে, আমার জল যাত্রা শুরু। এই অভিজ্ঞতা আমি জীবনে কোনদিন ভুলবো না। এটাই ছিল আমার জীবনে প্রথম এবং খুব সম্ভবতঃ শেষ, দীর্ঘ সমুদ্র যাত্রা। চৌদ্দ দিন পরে আমি ১৯৫৯ সনের ডিসেম্বর মাসের ১৩ তারিখে 'ফোক্‌ষ্টোনে' পৌঁছি। আমাকে 'কাষ্টম' এবং 'ইমিগ্রেশন কন্ট্রোলের' ছাড়পত্র পেতে হ'ল। আমার শব্দের ভাণ্ডারে ঐ দুটো শব্দ ছিল সম্পূর্ণ অপরিচিত, কিন্তু তখন থেকে আজ অব্দি এই দুটি শব্দ শুনেছি অসংখ্যবার।

আমি ভাগ্যবতী, আমার চাকুরী ছিল এবং থাকার জায়গা ছিল। আমার জীবনের অভিজ্ঞতায় এত সাদর অভ্যর্থনা আর কোথাও পাই নাই যা আমি এখানকার হাসপাতালের 'মেট্রনের' কাছ থেকে পেলাম। তিনি আমাকে সম্পূর্ণ স্বাচ্ছন্দ্য দান করলেন এবং বললেন, আমার যে কোন প্রয়োজনে এবং যে কোন সময়ে যেন তার সাথে যোগাযোগ করি। তারপর আমি আমার ছোট্ট

nities have now arrived, for the present generation growing up there must miss so many of our ways.

When I finished my schooling I made a decision which was to take me far from my village and the comfort of my family and have a far reaching effect on my future. I journeyed all the way to Bihar in north India to be trained as a nurse. It was almost like going to live in a foreign land and I was very homesick for a while. The hostel diet was strange to me and it took quite some time to get used to eating *chapatis* for instance. In Bihar I also learnt to speak Hindi. My nursing training gave me the opportunity to meet people from various parts of India and different walks of life.

After working there for some time, I wanted to explore even newer horizons. A woman whom I admired very much recommended that I travel to the U.K. for further studies. I took her advice.

I sailed from the port of Cochin on an Italian passenger ship. It was an experience I will never forget. It was my first time, and will probably be my last, undertaking a long sea voyage. After fourteen days I arrived at Folkestone on December 13th, 1959. I had to pass through the Customs and Immigration controls. These two words were all but unknown in my vocabulary but I must have heard them a million times since then.

I was fortunate – I had a job to go to and a

ঘরটিতে বিছানার উপর বসে মালপত্র বের ক'রতে লাগলাম। আমি এই মহিলাকে তুলনা না ক'রে পারলাম না, সেই কঠিন মুখ, খুব কড়া মহিলার সাথে, যাকে আমি আমার প্রথম নার্সিং শুরু করার সময় পেয়েছিলাম। তখন আমার বয়স আঠার থেকেও কম ছিল। অপরিণত, গেঁয়ো এবং খুবই ভীত-সন্ত্রস্ত ছিলাম। আমার পরিবারের সকলকে যাদের আমি ভালবাসতাম তাদেরকে শত শত মাইল দূরে ফেলে রেখে এসেছিলাম। তার প্রভুত্বমূলক চেহারা আমার দেহে কাঁপুনি জাগাত এবং কথা বলতে গেলে আমার গলা বন্ধ হ'য়ে আসত। কিন্তু এখানে এই বিস্ময়কর মহিলা কত বিনয়ে আমার সাথে হাত মিলালেন এবং তাঁর কথা ও ভাবভঙ্গিতে এত মায়া ছিল যে আমি অনুভবই করতে পারিনি যে, আমাদের দু'জনের মধ্যে রং এর এবং সংস্কৃতির কোন পার্থক্য আছে।

আমি বিভিন্ন জায়গায় হাসপাতালে কাজ করেছি এবং দুই বৎসর পড়াশুনাও করেছি। এই সময়ে আমি এক বাঙ্গালী ডাক্তারের সাথে পরিচিত হই। তিনি আমার সাথে ভারতে কাজ করতেন এবং এখানে আরো উচ্চতর পড়াশুনার জন্য এসেছেন। আমি এটা বলতে পারবোনা যে ঐ সময় আমাদের মধ্যে কোন প্রেম ছিল, কিন্তু এত দূর দেশে এসে আরেকজন ভারতীয়ের সাথে সাক্ষাতে খুবই ভাল লেগেছিল। আমরা প্রায়ই একসাথে খেতাম এবং একে অপরের সাহচর্য্য উপভোগ করতাম। পরে আমাদের বিয়ে হয় এবং মনস্থ করি যে যখন সময় হবে তখন দেশে ফিরে যাব। আমি বাংলা শিখলাম এবং এখন ভাল বাংলা বলতে পারি।

আমাদের চারজন ছেলেমেয়ে হয়, তাদের মধ্যে তিনজন গ্রেট্-বৃটেনে এবং একজন ভারতে জন্ম হয়। তারা সবাই এখন বড় হয়ে গেছে। আমার স্বামী এবং আমি জানি যে আমাদের ভিত্তি ভারতে এবং আমরা ভারতকেই আমাদের দেশ বলি; কিন্তু আমাদের সন্তানদের ভিত্তি এখানে এবং যুক্তরাজ্যকেই তারা তাদের দেশ বলে। ইংরেজী তাদের ভাষা। যখন আমাদের ছেলেমেয়েরা বড় হচ্ছিল তখন আমরা প্রায়ই বলতাম যে যদি এরা তাদের গাত্রবর্ণের জন্য কোনরকম অসুবিধা ভোগ করে এখানে, তবে আমরা আমাদের তল্পি তল্পা গুটিয়ে ভারতে ফিরে যাবো। আমদের সৌভাগ্য যে

place to stay. I received the warmest welcome that I have ever experienced from the Matron of the hospital I went to. She put me completely at ease and asked me to contact her if I needed any help at any time. Then I went to unpack in my own little room. Sitting on the bed, I could not help comparing her to the hard faced and very severe lady who had met me some years earlier when I first arrived to start nursing. Then I had been not quite eighteen, immature, naive and very frightened, having left behind all my loved ones some hundreds of miles away. Her authoritarian look had made me shiver and my words choked within me. But here this wonderful person shook my hand so kindly and her words and expression were so caring that I did not feel the difference of colour or culture between us.

I worked in hospitals in various places and also studied for two years. At this time I met a Bengali doctor who had worked with me in India and was now in England for more advanced studies. I cannot say that there was any romance between us at this time, but it was so good to meet another Indian in a far country; we would often eat together and we enjoyed each other's company. Later we married and decided to return to India when we were ready. I learnt Bengali and can speak it fluently.

আমাদের ছেলেমেয়েরা টিকে আছে এবং তাদের পড়ালেখা বা চাকরী-বাকরীতে কোন অসুবিধার সম্মুখীন হতে হয়নি পরে। যদিও আমাদের সন্তানেরা ভারতে বেড়াতে যাবে কিন্তু সেখানে তাদের বসবাস করার কোন প্রশ্নই উঠে না। আমার হৃদয়াবেগ এখন দু'ভাগে বিভক্ত, যতই হোক আমার জীবনের অর্ধেক অংশ আমি এই দেশেই কাটিয়েছি।

Four children were born to us, three in Britain and one in India – they are all grown up now. My husband and I know that our roots are in India and we call India our home; but our children's roots are here and it is England that they call their home, English is their language. When our children were growing up we often said that if they showed any anxiety at being bullied on account of their colour, we would pack our belongings and go back to India. We are lucky that our children have integrated and have had no problems with their education or with jobs afterwards. Though our children will visit India, there is no question of their going to settle there. For me too loyalties are now divided: after all I have spent more than half my life in this country.

আমার জীবনে বাঙ্গালী মহিলা সাহায্যকারী সংস্থার অবদান

দেবযানী চ্যাটার্জী

অনুবাদ: ডঃ মুখার্জির সাহায্য নিয়ে লেখিকা এবং সফুরন আরা

আমার এই জাতীয় সংঘের সাথে জড়িত থাকা অনেক কারণেই প্রয়োজন। প্রথমতঃ আমি যে একজন বাঙ্গালী নারী - সেই অমূল্য

WHAT BENGALI WOMEN'S SUPPORT GROUP MEANS TO ME

Debjani Chatterjee

Belonging in a group like this is important in many ways. For me it is an affirmation of a part

পরিচয়কে দৃঢ় করে, তাছাড়া আমি একাধারে বধূ, কন্যা কমিউনিটি রিলেশনস্ অফিসার, লেখিকা, ব্যঙ্গ চিত্রকর, ভারতীয়, এশিয়ান, শেফিল্ডবাসী, ডাক টিকিট সংগ্রহক, ক্যারামদক্ষ ইত্যাদি। আমার জন্মগত এই পরিচয় দেশান্তরে বাসের জন্য আরও প্রবল - বিশেষ করে পুরুষশাসিত জগতে।

তাদের ধর্ম, বয়স, শ্রেণী নির্বিশেষে ভারতীয় এবং বাংলাদেশীয় এই সমস্ত ভেদাভেদ বাদ দিয়ে এই সংস্থা, বাঙ্গালী মেয়েদের মিলন-ক্ষেত্র হোক এই সংঘ, এই কথাটি আমাকে বিশেষ ভাবে আকর্ষণ করে। আমি ভান করবো না যে এটা খুব সহজ ভাবে সম্ভবপর হ'য়েছে। আমাদের ভাষা বলার মাঝে অনেক তফাত আছে এবং আমাদের বিভিন্নরকম আঞ্চলিক ভাষা থাকা সত্ত্বেও এই সংস্থা বাঙ্গালী মহিলাদের একত্রিত করেছে। যারা শুধু নিজেদের মাতৃভাষা বা আঞ্চলিক ভাষায় কথা বলে এইরকম মহিলাদের সঙ্গে যারা এখানে জন্মগ্রহণ করেছে এবং শুধু ইংরেজীতে কথা বলে (হয়তবা ইয়র্কশায়ারের ডায়লেক্টে) এবং যাদের দ্বিতীয় ভাষা হচ্ছে কোন একটি ইউরোপিয় ভাষা; এই সংস্থা এদের মধ্যে সংযোগ স্থাপন করতে সক্ষম হয়েছে। আক্ষেপের বিষয় যে আধুনিক ভাষা আন্তর্জাতিক এবং শেফিল্ড, রদারহাম, ডণ্কাষ্টারের দ্বিতীয় তৃতীয় চতুর্থ ভাষা হওয়া সত্ত্বেও দক্ষিণ ইয়র্কশায়ারের স্কুলগুলি এখনও সাম্প্রদায়ীক ভাষাগুলোকে স্বীকৃতি দেয় না। এই নিষিদ্ধ পরিস্থিতির পরিবর্তন আনাও আমাদের একটি কাজ। আমরা যদি পরস্পরের উপর শ্রদ্ধাশীল হই তাহলেই এই বিভিন্নতা আমাদের মধ্যে বিভেদের সৃষ্টি করবেই না বরং আমাদের দৃষ্টিভঙ্গির প্রসারতা বাড়িয়ে আমাদের আরও উন্নত ও সবল করবে।

সর্বপরি এই সংস্থার মূলমন্ত্র হলো সাহায্য আর উদ্দীপনা; পরস্পরকে ছাড়াও - দেশের নানা পরিত্রাণ পরিকল্পনা - যেমন বন্যা বা গ্রামান্নয়ন, - যেগুলো উদ্বেগের কারণ - তাতে যুক্ত হওয়া। আমাদের অনেকেই বিত্তহীন। তবু আমরা ভুলতে পারি না আমাদের ফেলে আসা দেশের ভগ্নিদের দারিদ্র আর কঠোর জীবনের নিষ্পেষন। আমাদের লক্ষ্য হল দক্ষিন ইয়র্কশায়ারের বাঙ্গালী নারীদের মধ্যে বন্ধন স্থাপন করা এবং

of my identity which is very precious to me, for I *am* a Bengali woman, although I am many other things as well – a wife, a daughter, an aunt, a Community Relations Officer, a writer, a cartoonist, an Indian, an Asian, a resident of Sheffield, a stamp collector, a carom player, etc. This part of my identity was given to me at birth and it is all the more valuable to me when I live far from Bengal and, when in my daily life, I am sometimes made to feel that even today we live in what is predominantly a man's world.

The togetherness that the Group brings about between Bengali women, regardless of differences of religion, age, class and education, and regardless of whether one is originally from Bangladesh or from India, is something that I particularly cherish, though I will not pretend that it is easily achieved. Indeed, the common ground of the spoken language itself is something that cannot be taken for granted. The Group brings together women with different dialects of Bengali and even attempts to connect those first generation Bengali immigrants who speak only their mother tongue with those young women (occasionally products of mixed marriages) who speak only English, often in a Yorkshire dialect, and have only some other European tongue as a second language learnt at school (alas, South

এদেশের ও বিদেশের অন্যান্য বাঙ্গালী নারী সংস্থার সঙ্গে মৈত্রী সূচনা করা। আমরা এইভাবেই বন্যাত্রাণের চাঁদা তোলার মাধ্যমে বাংলাদেশের মহিলা পরিষদের সঙ্গে জড়িয়ে পড়েছি। দোভাষী বইএর পরিকল্পনায় আমাদের সৃজনী লেখনী আর চিত্রকলার কর্মসূচীই আমাদের যোগাযোগ ঘটিয়েছে নিউক্যাস্‌ল্‌ এবং স্কানথর্পের বাঙ্গালী মহিলাদের সঙ্গে - যারা নিজেদের লেখার উন্নয়ন পরিকল্পে উৎসাহী।

ভগ্নীতের বন্ধন আমাদের উদ্দীপ্ত আর সতেজ করেই, তাছাড়া বর্ণ ও নারী বিদ্বেষ, একাকিত্ব, নিরক্ষরতা, বেকার, অসুস্থ ও পঙ্গু অবস্থা, অবাসযোগ্য বাসস্থান ইত্যাদি সমস্যার মুখমুখি হ'তে সাহস যোগায়। গৃহহীন অথবা এদেশ থেকে বিতাড়িত, ধর্ষিতা বা লাঞ্ছিতা কোন ভগ্নীকে যদি সাহায্য করা যায় তাহলে শুধু তার আজীবনের বন্ধুত্বই মিলে না - নিজেদের আত্মবিশ্বাস নতুন উদ্দীপনা যোগায় অত্যাচারির বিরুদ্ধে দাঁড়ানোর। ফেলে আসা কয়েকটা বছরের দিকে তাকালেই দেখি এমন কত সমস্যাই গেছে বোনদের। কিছু উদাহরণ দিচ্ছি এখানে, বোনদের ছদ্মনাম ব্যবহার করা হ'য়েছে। ধরুন জুলেখা, একা মা, তাকে প্রবীনরা একঘরে করেছিলেন খারাপ মেয়ে মনে করে। অপরাধ তার, সে অপমানকারী এক পুরুষকে চড় মেরেছিল। তারপর সুভদ্রা, যার শিক্ষিত স্বামী ছিল বেকার ও তার ছিল মদের নেশা। সে বহুদিন ব্যাপী একা স্ত্রী ও বাচ্চাদের রেখে উধাও হয়ে যেত। অল্প বেতনে সেলায়ের কাজ করে অনেক কষ্টে তার বাচ্চাদের নিয়ে দিন কাটতো। তারপর রোকেয়া - সদ্য এসেছে এদেশে মন তার পড়ে থাকতো দেশে, বিশেষ করে তার প্রথম বিবাহের সন্তানের জন্য, যাকে তার বর্তমান স্বামী আনতে নারাজ। রশ্মীর কথাও আছে' যার বাচ্চা **অক্ষম** ছিল এবং নিজেকে দোষ দিত অলক্ষী বলে। তারপর অলকার কথা, গৃহহীন হলো স্বামীর মৃত্যুর পর। দূর্ভাগা রুপনারা সে তার অঞ্চলিক বাংলা বলতে পারতো, বিয়ের বেড়াজালে আটকে পড়লো এমন এক আধুনিক পুরুষের সাথে যার বাংলা ভাষার জ্ঞান অতি সামান্য। সে শ্বেতাঙ্গীনি বান্ধবীদের সংগে ওর সামনেই চলে যেত 'নাইট ক্লাবে'। আর তাকে নিপীড়ন করতো 'গেঁয়ো' বলে, তার কোন আকর্ষনই নেই বলে। একমাত্র

Yorkshire schools still do not respect and own our community languages, even when they are modern international languages which are the second, third and fourth languages of places like Sheffield, Rotherham and Doncaster – and this shameful fact is something that our group must lobby to redress). These differences must never divide us, if we continue to respect each other as members do at present, our differences can only enrich and strengthen us, expanding our vision.

Most importantly I consider that the Group is about support, encouragement and inspiration for each other, as well as support for causes that concern us as Bengali women e.g. charities engaged in flood relief work in Bangladesh for instance and with the upliftment of rural Bengali women. Poor though many of our members are, we cannot forget where we come from and the material poverty and grinding hardships that many of our sisters in Bangladesh and India suffer strikes at our own wellbeing. We aim to create a network of solidarity among Bengali women in South Yorkshire and as a Group we stretch out a hand of friendship too to other Bengali women's groups in the U.K. and elsewhere. Most notably our flood relief fundraising activities have fostered our links with Bangladesh Mohila Porishad. The creative writing cum visual art workshops that we

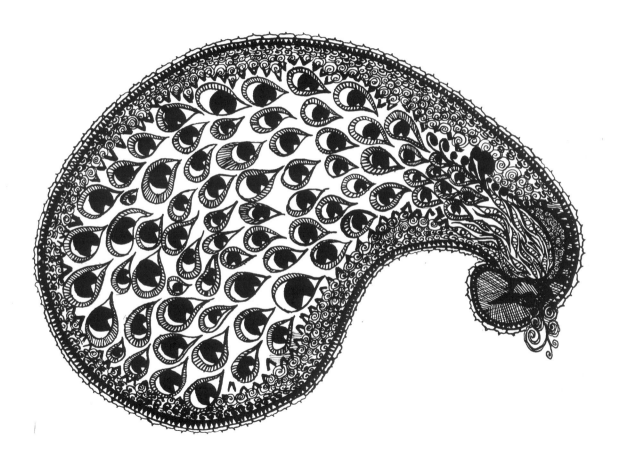

যদি বাঙ্গালী মহিলা সমাজসেবিকা কিম্বা বাঙ্গালী দোভাষী বা উপদেশকর্মী থাকতো, যেখানে তাদের প্রয়োজন, তাহলে আমাদের সংঘের অবৈতনিক কর্মীদের উপর চাপ ও হতাশার লাঘব হতো।

সভ্যাদের ভালমন্দ অভিজ্ঞতা ও দক্ষতার সাবলীল আদান প্রদানে সকলেই উপকৃত হন। বহুপ্রকার আলোচনা - যেমন চাকুরীর বিষয়, যেমন ইন্টারভিউ সম্পর্কে আলোচনা, সরকারী চিঠি- পত্র লিখা, চুল বাঁধার কায়দা, পুরান ও নতুন গানের আদান প্রদান, রান্না ও সেলাই এ জ্ঞান দেওয়া, হৃদয়ভার লাঘব করা থেকে শুরু করে সুখবর, অভিনন্দন, অভ্যর্থনা পর্যন্ত সবকিছুই। এভাবে আমরা সকলেই কিছু শিখি, আর একক এবং গোষ্ঠী হিসাবে উন্নত হই। ঘুঁচে যায় দুঃখের অন্ধকার, আনন্দের দ্যুতিতে।

আমার নিজের দুঃখে বন্ধুবর্গের সহানুভূতি, আর আমার গৌরবে তাদের গর্ব আমি দেখেছি। আমার জীবনে এক চরম দুঃসময় এসেছিল গত জানুয়ারী মাসে। সারা ১৯৮৮ সালটা বাড়ীর জন্য এক গভীর আবেগে কেটেছে। কতবারই ভেবেছি চাকরী, স্বামী সব ছেড়ে দিয়ে ছুটে গিয়ে তাদের হৃদয়ভার লাঘব করি। আমার স্বামীরও স্বাস্থ্য ভাল ছিলনা। শল্য চিকিৎসার জন্য অপেক্ষা কোরছিলো। সর্বদা মন ছিল অস্থির, তখন কাজে ঝাঁপিয়ে প'ড়েছিলাম। আমার একমাত্র বোন মুমূর্ষু বেদনা ক্লিষ্ট, কোন ধারনাই ছিলনা আমাদের কতদিন সে ভুগবে। মা বাবার শরীরও তখন রুগ্ন। গ্রীষ্মের সময় মায়ের হ'ল হৃদরোগ। তা সত্ত্বেও তাঁরা আমার বোনের সেবা কোরতেন আমার ভগ্নী পতির সঙ্গে। আমার ছোট্ট বোনপো দু'টিকেও দেখা শোনার ভার ছিল তাঁদের। জানুয়ারী মাসে আমার স্বামীর শল্য চিকিৎসার পর আমার বোনের শোচনীয় মৃত্যু সংবাদ এল। ১৯৮৭ সাল থেকে সে ক্যানসার রোগের সঙ্গে যুদ্ধ ক'রেছে। আমার চেয়ে এগার মাসের ছোট ছিল আমার বোন আর সে ছিল আমার প্রিয়তম বন্ধু। দীপাবলীর সময় জন্ম ব'লে নাম ছিল তার দীপা। মনে মনেই ভাবি, এই আলোর উৎসবে আমাদের বাড়ী অন্ধকার - আমার মনের মত। ছোটখাট কাজের ফাঁকে ফাঁকেই তাকে মনে পড়ে। বন্ধু সহকর্মীরা ছিলো দয়াশীল সবসময়ই, কিন্তু অন্যান্য বাঙ্গালী মহিলাদের সহানুভূতি থেকে মনে হ'ল,

held in connection with our bi-lingual book project brought us into contact with Bengali women in Newcastle and Scunthorpe who are also interested in developing their own writing.

In terms of support for individuals, the sense of sisterhood among the members means that we gain new strength and vigour in facing up to the general problems of racism and sexism, and more specific ones of isolation, illiteracy, unemployment, ill health, disability, poor housing, to name but a few. When you support a sister who has suffered homelessness or deportation or rape or battering, not only do you form a lasting friendship, but you discover new strengths within yourself and these in turn help you to resist those who would oppress you. As I look back over the last few years, I remember so many problems that were faced by sisters. Here are a few examples in which I have changed the names of the women. There was Zulekha, a single mother whom we befriended when some male elders decreed that she should be ostracised as a 'bad woman' because she had had the courage finally to slap a man who was persistently insulting her. There was Shubhodra whose educated husband was unemployed and had a drink problem. He would stay away for weeks at a time, leaving her at home to look after the children

তাঁরা সকলেই এই বিচ্ছেদের ভুক্তভোগী। অনেকেরই সামর্থ্যে কুলোয়না, তাঁদের আত্মীয় স্বজনদের সঙ্গে দেখা করার। এই রকম একজন হ'ল সাকিনা। আমার অফিসে এসেছিল কাজের তাগিদে। কথা হচ্ছিল তার সমস্যার। যাবার কালে হঠাৎ আমার হাত দু'টি ধ'রে বল্‌লো 'তোমার আমার একই অবস্থা, দু'জনাই একা, আমার প্রিয়জনেরা বাংলাদেশে, আর তোমার ভারতে। তোমার একটা বোনের জায়গা দখল ক'রতে আমরা - বাঙ্গালী মেয়েরা ত আছি।' আমি নির্বাক হ'য়ে শুধু মাথা নেড়ে সম্মতি জানালাম, - পাছে ধরা পড়ে যাই।

সেই দুঃসহ জানুয়ারীতেই আঞ্চলিক পরিষদের বিরুদ্ধে নালিশের সুপারিশের ব্যাপারে মন ভয়ানক ভারাক্রান্ত ছিলো। শেফিল্ডের উচ্চশিক্ষার একটি পদের জন্য দরখাস্তে নিস্ফলতার কারণ জীজ্ঞাসা করায়, তাদের অপমানকর অজুহাতে করাল বর্ণবিদ্বেষের পরিচয় পেয়ে, আমি তাদের বিরুদ্ধে বর্ণবিদ্বেষের আইন অনুসারে নালিস জারী ক'রেছিলাম ১৯৮৮ সালের গ্রীষ্মে। যাদের বাছা হ'য়েছিল, তাদের বেশীরভাগই আমার চেয়ে বিদ্যায় ও অভিজ্ঞতায় কম ছিল। আমি শেফিল্ড আঞ্চলিক পরিষদের কাছে এই দূর্নীতির জন্য ক্ষতিপূরনের টাকা নিতে অস্বীকার করি, ওতে তো মনের ক্ষত ঘুঁচবেনা। আমি শুধু অন্যায়ের সঙ্গে যুদ্ধে নেমেছিলাম নৈতিক কারণে, শুধু একা নিজের জন্যেই নয়, আমার বোনদের জন্যেও। দু'বছর আগে আমার বোনও ভারতীয় আদালতে তার চাকরীর ব্যাপারে অবিচারের বিরুদ্ধে ল'ড়েছিল। এতে সে সফল হয়নি। অনেক অর্থ ব্যয় ক'রে সে প্রায় দেউলে হ'য়ে গিয়েছিলো, তবু আমি নিশ্চিত জানি সে অন্যায়ের বিরুদ্ধে ল'ড়েছিলো, - যদিও অসম-যুদ্ধে আমলাতন্ত্রের দাপট সে ভাঙ্গতে পারেনি। আশা করি ভবিষ্যতে আমার বোনপো'রা এটা প'ড়ে তাদের মায়ের জন্য গর্ববোধ কোরবে। আমি অবশ্যি আমার বোনকে বা বাবা মাকে আমার সঙ্কটের কথা জানাইনি। তাঁরাই তো সমস্যায় ভরাডুবি। আমার একমাত্র আশা ছিলো আমার জয়ের আনন্দ আমার বোনের সঙ্গে ভাগ ক'রে নেবে কিন্তু আমি তখন ভাবিনি আঞ্চলিক পরিষদ তাদের অন্যায় স্বীকার কোরতে এত বেশী সময় নেবে, আর আমার বোনের সময়ও এত কম। সতেরই

and do the exploitative piece-work of the seamstress. There was Rukiya, newly arrived from Bangladesh, who missed her family very much and, most of all, her child from her first marriage whom she had had to leave behind because her present husband did not want him. There was Rashmi whose son was mentally handicapped and who blamed herself for somehow being 'unlucky'. Then there was Aloka who became homeless when her husband died. Poor Roopnara who spoke only a dialect of Bengali was trapped in marriage to a 'modern' man who had little Bengali and flaunted his white girlfriends and frequented nightclubs in their company, blaming her for being an ignorant country girl who could not interest him. If only there were Bengali women social workers, Bengali interpreters and 'advocacy' workers in key services, the pressures and frustrations of volunteer members of a group like ours would lessen.

There is an informal sharing of skills and of experiences, good and bad, among group members which is immensely rewarding. These cover many activities and interests, ranging from informing each other about jobs, to practising interview techniques, writing letters to officialdom, discussing styles of dressing hair, exchanging old and new songs, passing on hints on cooking and sew-

জানুয়ারী আমার বোনের মৃত্যু হয়, আর বিচারসভা রায় দেয় তেইশে ফেব্রুয়ারী। ভাগ্যচক্রে ১৯শে জানুয়ারী আমাকে আঞ্চলিক পরিষদের শিক্ষাবিভাগের উচ্চ পদস্থ কর্মচারীদের সামনে বর্ণবিদ্বেষ প্রতিরোধের উপর ভাবগর্ভ বক্তৃতা দিতে হয়। রায় বেরোনোর দিন পরিষদের উকিল আমায় লিখিত স্বীকারোক্তিতে তাঁদের গভীর ক্ষোভ প্রকাশ করেন বিদ্বেষের জন্য আর তাঁদের সমস্ত অপমানজনক মিথ্যা অজুহাত অকুণ্ঠে স্বীকার করে নিয়েছিলেন।

আত্মবিশ্বাসের সোপান হ'ল আমাদের সংঘ। সমবেত প্রচেষ্টায়, সখ্যতার আবহাওয়ায় আমরা অগ্রণী হ'য়েছি বহুদিকে। আমরা সুখ দুখের অংশীদার। একে অপরের উৎসবকে সাফল্যমন্ডিত ক'রে গর্ববোধ কোরেছি। আমার বিবাদের ব্যাপারটা যদিও আমার বাড়ীতে আমি জানাইনি, সংঘের অনেকেই জানতেন আর সাহায্যের জন্য উৎগ্রীব ছিলেন। এমনকি তাঁরা প্রস্তুত ছিলেন পরিষদে বা শিক্ষায়তনে বা শিক্ষা বিভাগের বিক্ষোভের মিছিল করবেন বর্ণবিদ্বেষের বিরুদ্ধে, আমার লাঞ্ছনার বিরুদ্ধে যদি তাতে আমার উপকার হয়। আমি যদিও তাতে রাজী হইনি তবু আমার বুকে উষ্ণতার প্লাবন ব'য়ে গিয়েছিল। যখন পরিষদ তাঁদের অন্যায় স্বীকার করে, আর তার পুনরাবৃত্তি হবেনা বলে প্রতিজ্ঞা করে, তখন সংঘের মেয়েদের মনে নৈতিক বিজয়ের আনন্দ ব'য়েছিলো। এপ্রিল মাসে জাতীয় কবিতা প্রতিযোগীতায় যখন আমি জয়ী হই, সকলেই ছিলো আমার সেই আনন্দের অংশীদার। খবরটা তাদের মুখে মুখে প্রচার হ'য়ে যায়, এমনকি তারা পরস্পরকে 'গারডিয়ান' থেকে কবিতার ছিন্ন অংশ পাঠান। আর যারা সভায় নিয়মিতভাবে আসতে পারতেন না - তাঁরাও আমাকে টেলিফোনে অভিনন্দন জানান। সেপ্টেম্বর মাসে আমার দু'টি বই প্রকাশনার পর তাঁরা গর্ববোধ করেন। একটি বই - আমার কবিতাগুচ্ছ, সেটা আমি বোনকে উৎসর্গ কোরেছি।

একটা সময় আসবে, যখন আমাদের কেউ কেউ আমাদের সংস্থার ছোট্ট পরিসরের বাইরে প্রসস্থ সমাজে তাদের আসন ক'রে নেবে। আমি উন্মুখ হ'য়ে আছি সেই ভবিষ্যতের সমাজনেত্রীদের অভ্যুদয়ের দিকে, যাঁরা

ing, getting things off one's chest and celebrating each other's successes and good news. In this way we each learn something, we help someone else, we develop as individuals and as a group, and our private sorrows lessen and our joys increase.

I have certainly felt the sympathy of friends in my own difficulties and equally their pride and happiness in my achievements. January last year saw me at perhaps my lowest ebb. Throughout 1988 I had fretted about my family in India and considered whether to give up my job and leave my husband behind in order to go to them and share their heavy cares. My husband, Brian, was not in robust health either and was waiting for an operation. I felt torn in several directions. Unable to decide, I threw myself in my work. My only sister was dying and was in great pain, we had no idea how much longer she would live. My parents were in frail health themselves, my mother having suffered a heart attack in the summer, but they and my brother-in-law were nursing my sister and looking after my little nephews, Shingo and Nikhil. In January Brian had an operation and then came the bitter news that my sister, Deepa, had died, having courageously fought cancer since 1987. My sister, only eleven months my junior, had been my best friend. She was called Deepa because she was born during the Festival of Light

আরও সংবেদনশীল, নিঃস্বার্থ, প্রতিযোগীতাহীন সমাজ গ'ড়ে তোলায় প্রচেষ্ট হবেন।

and I could now imagine the darkness in my own life reflected in our home in India. Even today every little thing reminds me of her. Colleagues and friends have always been kind to me. But when other Bengali women commiserated I knew that each one felt the same pain of separation from loved ones far away. Unlike me, so many cannot afford to see their relations for many years on end. One such person is Sakina. One day she came to my office for help with some matter. Our conversation was about her complaint, but as she was about to leave she suddenly turned around, I don't know why – maybe she saw some misery in my face, and gripping my hand she said simply: "You know, you and I are in the same position – we are both alone. My family are all in Bangladesh and yours are in India. Your sister has died, but you have often said that we Bengali women are your sisters too. I am here – aren't I your sister?" I could only nod to her, not trusting myself to speak.

That dreadful January was also a time when my tribunal hearing against my local authority weighed down on me most oppressively. Insulted by the blatant discrimination I had suffered when applying for a post in Sheffield's tertiary education and further humiliated by my local authority's unjust excuses given when I queried why I was not shortlisted for it, I had filed a complaint under the

Race Relations Act in the summer of '88. Most of those shortlisted were less qualified and less experienced than myself. I told my local authority that I wanted no financial compensation for the loss of the opportunity to compete at interview for the job – no amount of money can make up for the hurt suffered from racial discrimination. I was determined to fight the case on principle, not only for myself and others like me, but also for my sister's sake. Two years ago Deepa too had tried, through the courts in India, to fight an employment related injustice that she had encountered. She had lost a lot of money in legal fees and had at last given in to the persuasion of well wishers who did not want to see her bankrupt herself in fighting the bureaucratic machinations of a large government institution. But I knew that Deepa had been right to challenge injustice, however unequal the struggle. Someday I hope that my nephews will grow up and will read this and be proud of their mother. I did not write to let her know what I was doing, nor did I confide in my parents – they had more than enough anxieties. I only hoped that I would soon win my case and would then be able to share my victory with my sister, but I did not realise then how long my local authority would take to admit the wrong it had done me and what little time remained to

Deepa. She died on 17th January and my tribunal hearing was on 23rd February. With a deep sense of irony I gave the keynote speech at a conference on 'Combating Racism' at Melbourne House Teachers' Centre on 19th January, aimed at an audience of senior educationalists in my local authority. On the morning of the hearing the local authority's solicitors gave me a written statement "deeply regretting having discriminated" against me and "unreservedly withdrawing" their excuse in justification of their discrimination which they now acknowledged had been insulting to me.

Our Group is about confidence building too. We have found ways of co-operative working and developing leadership skills in different areas of interest in a supportive atmosphere. We have shared our good times, just as we have our bad ones. We have celebrated each other's festivals and been proud of each other's successes. Though I did not inform my family in India about my tribunal complaint, members of our Support Group were aware of it and asked me how they could help. Even women who had never done something like this before, told me that they were willing to demonstrate outside the Town Hall, the Education Department or the College to express their anger at the discrimination I had suffered, if this would help me. While I did not take up the

offer, I found the support heartwarming. When the local authority at last admitted their wrong and undertook not to repeat their actions with anyone else in the future, the women in our Group rejoiced as though they had won a moral victory. In April when I heard the news that I had won a major national poetry competition, Group members shared my joy. They spread the news around, even sending each other *Guardian* cuttings of my poem, and women who could not come to regular meetings of the Support Group would ring me up to offer congratulations. They took pride too in the knowledge that during September I had two books published. One of them, my first full collection of poetry, is dedicated to my sister's memory.

In course of time some of us will look beyond the little pond that is our group and take our rightful place in the mainstream of society. I look forward then to a new breed of community leaders who will bring a more caring, selfless and non-competitive outlook to community development.

লেখিকা ও কথা শিল্পীর পরিচিতি

সফুরন আরা, বাঙ্গালী মহিলা সাহায্যকারী সংস্থার সভানেত্রী, বাংলাদেশের কুমিল্লা জেলায় জন্মগ্রহণ করেন, ১৯৭৫ সালে যুক্তরাজ্যে আসেন। তিনি বিভিন্ন কমিউনিটি প্রতিষ্ঠানের সাথে জড়িত, নাচ গানের স্কুল ছায়ানট, নারী শিক্ষা ট্রেনিং প্রজেক্ট, শেফিল্ড এসোসিয়েশন ফর দি ভলানটারী টিচিং অফ ইংলিস। তার কর্মজীবন ওল্ডহাম কাউন্সিল ফর রেসিয়াল ইকুয়ালিটিতে শুরু হয় এবং বর্ত্তমানে তিনি শেফিল্ডের মাল্‌টিকালচারাল ইন্‌ফর্‌মেশন্‌ অফিসার হিসাবে কাজ করেন।

মনোয়ারা বাদ্‌শা বাংলাদেশের ফরিদপুর জেলার কালপুজা গ্রামে ১৯৬৫ সালে তার নানা-নানির বাড়ীতে জন্মগ্রহণ করেন। আঠার বছর বয়সে তার বিয়ে হয়, তখন তিনি প্রবেশিকা পরীক্ষার পরীক্ষার্থী ছিলেন। বিয়ের পর তার শেফিল্ডে বসবাস করা স্বামীর সাথে এদেশে চলে আসেন। তের বছর বয়স থেকে তিনি লিখতে শুরু ক'রেছেন, ও তার স্কুলের বান্ধবীরা তাকে 'কবি' নাম দিয়েছিল। মুসলমান ঈশ্বর তত্ত্বতে তিনি **বিশ্বাসী**। তার বাবা চেয়েছিলেন তিনি হাফিজ হন (কোরান শরিফ মুখস্ত বলা)। বর্ত্তমানে তিনি একটি বই লিখছেন। বি বি সি রেডিওতে শেফিল্ডের বলাকা বাংলা প্রোগ্রাম এ তার কবিতা প্রচারিত হ'য়েছে।

NOTES ON CONTRIBUTORS

Safuran Ara, Bengali Women's Support Group's Chairperson, was born in Comilla, Bangladesh, and came to the U.K. in 1975. She is active in several community organisations, including the Chhayanot School of Music & Dance, the Naree Shikkha Training Project and the Sheffield Association for the Voluntary Teaching of English. She began her working life with the Oldham Council for Racial Equality and presently works for Sheffield City Libraries as Multicultural Information Officer.

Monuara Badsha was born in 1965 in Kalpuha Village, District Faridpur, Bangladesh, in her grandparents' house. Married at 18, while taking her school final exams, she accompanied her husband to Sheffield where he was settled. She has been writing since she was 13 and friends in her boarding school nicknamed her 'Kabi' (poet). She is interested in Muslim theology. Her father had wanted her to become a *hafiz* (a reciter of the Holy Quran from memory). At present she is writing a book. Her poetry has been broadcast on BBC Radio Sheffield's *Balaka* Bengali programme.

নীতা বাসু চৌধুরী ভারতের বৃন্দাবনে জন্মগ্রহণ করেন ও শৈশবকাল তার সেখানেই কেটেছে। নাটক ও অভিনয়ে তার উৎসাহ আছে, ১৯৮৭ সালে রদারহামে তিনি 'ক্রিয়েটিভ্ থিয়েটার গ্রুপ' গঠন করেন। তার অন্যান্য সখের মধ্যে ছবি তোলা, নক্‌শা করা ও গয়না তৈরী করা। রদারহামে স্বেচ্ছাক্রিয় ইংরাজী শেখাতেও তিনি জড়িত ছিলেন।

খুরশীদা বেগম বাংলাদেশের চাঁদপুর জেলায় লোহাগড়ে জন্মগ্রহণ করেন। তিনি ১৯৮৪ সালে যুক্ত**রাজ্যে**আসেন ও শেফিল্ডে বসবাস করা একজনের সাথে তার বিয়ে হয়। এখন তিনি বিধবা এবং বাংলাদেশের আত্মীয় পরিজনদের অভাব বোধ করেন, বর্ত্তমানে জীবনকে নূতনভাবে তৈরী কোরছেন। ইংরাজী শিখছেন, ভাল বাগান করেন ও সু-রাধুনী।

কমলা বিবির জন্ম বাংলাদেশের সিলেট জেলায়, শৈশবকাল তার সেখানেই কাটে। বিয়ের পর তিনি শেফিল্ডে আসেন। তাঁর পাঁচটি সন্তান।

ছুরাতন বিবি সিলেটের, পটু দর্জি। একাই সাত সন্তানকে দেখাশুনা করেন।

দেবযানী চ্যাটার্জী, এই বই এর সহ-সম্পাদিকা, জন্ম দিল্লীতে, অনেক দেশে বাস ক'রেছেন যেমন বাংলাদেশ, হংকং, মিসর, আর ১৯৭২ সাল থেকে যুক্তরাষ্ট্রে আছেন। তিনি ইন্দো-অ্যাংলিয়ান্ সাহিত্যের উপর একজন পি এইচ ডি, শেফিল্ডের প্রিন্সিপ্যাল কমিউনিটি রিলেশন্‌স্ অফিসার,

Nita Basu Chaudhury was born in Vrindavan, India, where she spent her childhood. She is interested in drama and performance art, and formed the Rotherham Creative Theatre Group in 1987. Other hobbies include photography, graphics and jewellery making. She has also engaged in voluntary teaching of English in Rotherham.

Khurshida Begum was born in Lohagar Village in Chandpur, Bangladesh. She came to the U.K. in 1984 when she married a Sheffield resident. She is now widowed and misses her family in Bangladesh, but is also making a new life for herself in Sheffield and learning English. She is a keen gardener and good cook.

Komola Bibi was born in Sylhet, Bangladesh, where she also spent her childhood. Her marriage brought her to Sheffield. She has five children.

Suraton Bibi is from Sylhet. She is a skilled dressmaker and brings up her seven children singlehanded.

Debjani Chatterjee, this book's co-editor, was born in Delhi and has lived in many lands, including Bangladesh, Hong Kong and Egypt; coming to the U.K. in 1972. A Ph.D in Indo-Anglian Literature,

চেয়ার অফ্ ইয়র্কশায়ার আর্টস লিটারেচার প্যানেল, ভাইস্-চেয়ার অফ্ দি শেফিল্ড অ্যাসোসিয়েশন্ ফর্ দি ভলানটারী টিচিং অফ্ ইংলিস্ এবং ব্ল্যাক অ্যালাইয়েন্স ও নর্দান অ্যাসোসিয়েশন অফ রাইটারস্ ইন্ এডুকেশন এর একজন সদস্য। তিনি কবিতার জন্য বেশ কিছু পুরস্কার পেয়েছেন ও তার কারটুন্ ছাপা ও প্রদর্শিত হয়েছে। তার বর্ত্তমান প্রকাশিত বই হ'চ্ছে: আই ওয়াজ দ্যাট্ ওম্যান (হিপ্পোপোটামাস্ প্রেস) এবং দি এলিফ্যাণ্ট - হেডেড্ গড্ অ্যাণ্ড আদার্ হিণ্ডু টেল্স্ (লুটারওয়ার্থ)।

মঞ্জু চ্যাটার্জি জন্মগ্রহণ করেন বর্ত্তমান বাংলাদেশে, দেশ বিভাগের পর কোলকাতায় চলে যান। সেখানে তিনি সংস্কৃতিতে এমএ পাশ করেন এবং স্কুলে শিক্ষকতা করেন। ১৯৭২ সালে সাউথ ইয়র্কশায়ারের ধাতুবিদ্যাবিশারদের সাথে তার বিয়ে হয়। তিনি অ্যাডাল্ট এডুকেশনে চাকরী করেছেন ও শেফিল্ড অ্যাসোসিয়েশন ফর্ দি ভলাণটারী টিচিং অফ্ ইংলিস এর একজন সদস্য ছিলেন। তিনি গান, রান্না, অনুবাদ, ভাষা শেখা ইত্যাদিতেও উৎসাহী। তিনি ১৯৮৮ সালের শেষের দিকে ভারতে ফিরে যান, কিন্তু সাউথ ইয়র্কশায়ারে, আসা যাওয়ার মাধ্যমে - 'দু'নৌকায় পা' দেবার মতই জীবনের ধারাকে ধ'রে রাখতে চান।

রেহানা চৌধুরী বাংলাদেশের কুমিল্লা, জেলায় জন্মগ্রহণ করেন এবং ১৯৭৬ সালে, সাউথ ইয়র্কশায়ারে আসেন। তিনি বিবাহিতা ও দুই সন্তানের মা, অ্যাডাল্ট এডুকেশন এর শিক্ষিকা। রদারহামের বাঙ্গালী বাচ্চারা যাতে মাতৃভাষা ও এর সমৃদ্ধ সংস্কৃতি সম্বন্ধে অশিক্ষিত হ'য়ে গ'ড়ে না ওঠে,

she is Sheffield's Principal Community Relations Officer, Chair of Yorkshire Arts Literature Panel, Vice-Chair of the Sheffield Association for the Voluntary Teaching of English, and is active in the Black Arts Alliance and the Northern Association of Writers in Education. She has won several poetry prizes and has had cartoons published and exhibited. Her recent books are: *I Was That Woman* (Hippopotamus Press) and *The Elephant-Headed God & Other Hindu Tales* (Lutterworth).

Manju Chatterjee was born in presentday Bangladesh, moving to Calcutta after Partition. There she passed her M.A. in Sanskrit and taught in a school. Her marriage in 1972 to a metallurgist in South Yorkshire brought her to the U.K. She worked in adult education and was active in the Sheffield Association for the Voluntary Teaching of English. Her interests include singing, cooking, translating and learning languages. She returned to India at the end of 1988, but tries to make regular visits to South Yorkshire and maintain "a foot in two camps".

Rehana Chaudhury is from Comilla, Bangladesh, and came to South Yorkshire in 1976. Married with two children, she works in adult education. Passionately concerned that Rotherham's Bengali

এজন্যে তিনি আবেগপূর্ণভাবে সংশ্লিষ্ট, লোকাল অথরিটির বিনা সাহায্যে কয়েক বছর থেকে শনিবারে একটি স্বেচ্ছাক্রিয় ক্লাশ খুলেছেন। অনেকদিন থেকে উনি কবিতা লিখছেন ও যুক্তরাজ্যেবাংলা খবরের কাগজে যেমন ‘জাগরণ’ এ তার কবিতা ছাপা হ’য়েছে।

ডরথি দাস ১৯৭৩ সালে কোলকাতায় জন্মগ্রহণ করে, পরের বছরই রদারহামে আসে। সে শেফিল্ড হাই স্কুলের ছাত্রী। তার আঁকা ছবি স্কুলের পত্রিকায় ছাপা হ’য়েছে। সাঁতার কাটা ও ঘোড়ায় চড়া তার সখ।

ইন্দিরা দত্ত কোলকাতায় জন্মগ্রহণ করেন। তিনি অনেক দেশ ভ্রমন করা একজন বাণিজ্যিক মহিলা। ১৯৭০ সালে ইয়র্কশায়ারে এসে স্থায়ীভাবে বসবাস ক’রছেন। তিনি শেফিল্ড এণ্ড ডিস্‌ট্রিক্ট হিন্দু সমাজ, স্থানীয় দূর্গা পূজা কমিটির একজন সদস্য। তিনি স্বভাবতই নাটক ও কলার প্রতি অনুরক্ত।

চন্দ্রাগাঙ্গুলী কোলকাতায় জন্মগ্রহণ করেন। উনিশ বছর বয়সে তার বিয়ে হয়, স্বামীর সাথে যুক্তরাজ্যেএসে রদারহামে স্থায়ীভাবে বসবাস কোরছেন। তার দু’টো বাচ্চা ও তিনি শেফিল্ডের সোসাল্ সারভিসে চাকরী করেন। তিনি গান গাইতে ও এশিয়ান মহিলা-জড়িত কমিউনিটির কাজ কোরতে ভালবাসেন। তিনি নিজেও স্বীকার করেন তার পান খাওয়া একটা নেশা।

children should not grow up ignorant of their mother tongue and its rich culture, she has been running a voluntary Saturday class for some years with no assistance from the local authority. She has written poetry for many years and been published in the British Bengali newspaper *Jagaran*.

Dorothy Das was born in Calcutta in 1973 and came to Rotherham the following year. She is a student of Sheffield High. Her drawings have been published in her school magazine. She enjoys swimming and riding.

Indira Dutta was born in Calcutta. She is a well travelled business woman, settled in Yorkshire since 1970. She is active within the Sheffield & District Hindu Samaj and the local Durga Puja Committee. She is interested in drama and the arts generally.

Chandra Ganguli was born in Calcutta. Married at 19, she accompanied her husband to the U.K. where they settled in Rotherham. She has two children and works in Sheffield for Social Services. Her interests include singing and community work with Asian women. She admits to being addicted to chewing *paan* (dressed betel leaves).

করবী ঘোষ কোলকাতায় জন্মগ্রহণ করেন । **তিনি** কল্পিত চিত্রের চিত্রকর, ১৯৭০ সাল থেকে তিনি শেফিল্ডে বাস কোরছেন। তিনি অ্যাডাল্ট্ এডুকেশনে পড়ান। তার 'ওয়াটার কালার' অক্টাগণ, সেন্ট্রাল লাইব্রেরী, শেফিল্ড এণ্ড ডিস্‌ট্রিক্ট হিন্দু সমাজ সেণ্টার প্রভৃতি শেফিল্ডের বিভিন্ন জায়গায় প্রদর্শিত হ'য়েছে। ১৯৮৭ সালে মাপ্পিন আর্ট গ্যালারিতে 'ওয়েডিং এক্সিবিশন' এ তিনি কিছু ছবি প্রদান ক'রেছেন, প্রীতি সম্ভাষণ কার্ড আঁকেন এবং গান গাইতে পারেন।

হাস্নারা হোসেন বাংলাদেশের কুষ্টিয়ায় জন্মগ্রহণ করেন, ১৯৭০ সালে **যুক্তরাজ্যে** এসেছেন।

নিলোফার হোসেন বাংলাদেশের কুষ্টিয়া জেলায় জন্মগ্রহণ ক'রেছে, একবছর বয়সে ১৯৭০ সালে **যুক্তরাজ্যে** এসেছে। সে রদারহাম আর্টস্ এণ্ড টেক্‌নলজি কলেজের ছাত্রী, বিশ্ববিদ্যালয়ে সমাজতন্ত্র পড়ার ইচ্ছে আছে তার।

মরিয়ম খন্দকার ১৯৭৭ সালে শেফিল্ডে জন্মগ্রহণ করে। সে অ্যাবেডেল সেকেণ্ডারী স্কুলের ছাত্রী।

নাহিদ ইসলাম ১৯৭৭ সালে ডনকাষ্টারে জন্মগ্রহণ করে। হিল্ হাউজ্ প্রিপারেটরী স্কুলের ছাত্রী সে। বড় হ'লে সে একজন বিজ্ঞানী অথবা ব্যারিষ্টার হওয়ার ইচ্ছা-পোষণ করে। সে একজন অনুরাগী সঙ্গীতবিৎ, 'ভায়োলিন' ও 'পিয়ানো' বাজান শিখছে।

Karabi Ghosh is a Calcutta-born visual artist, living in Sheffield since 1970. She teaches in adult education. Her watercolours have been exhibited in various Sheffield venues including the Octagon, the Central Library and the Sheffield & District Hindu Samaj Centre. She has contributed to the "Weddings Exhibition" in 1987 at the Mappin Art Gallery and also designs greetings cards and sings.

Hasnara Hussain from Kushtia, Bangladesh, came to the U.K. in 1970.

Nilofar Hossain was born in Kushtia, Bangladesh, and came to the U.K. in 1970 when she was one year old. A student of Rotherham College of Arts and Technology, she would like to study Sociology at university.

Maryam Khandaker was born in Sheffield and is a student at Abbeydale Secondary.

Naheed Islam was born in Doncaster in 1977. She is a student at Hill House Preparatory School and has ambitions of becoming a scientist or a barrister when she grows up. A keen musician, she is learning to play the violin and the piano.

রাশিদা ইসলাম, এই বই এর সহ-সম্পাদিকা, বাংলাদেশের পাবনা জেলায় জন্মগ্রহণ করেন ও ঢাকায় তার লেখাপড়ার জীবন কেটেছে। ছোটবেলা থেকেই তার সাহিত্য ও সঙ্গীতের প্রতি অগাধ অনুরাগ ছিল। তার কিছু কবিতা কলেজের দেওয়াল পত্রিকায় প্রকাশিত হ'য়েছিল ও বিজ্ঞানের উপর একটি প্রবন্ধ লিখে তিনি কিছু টাকা পুরস্কার পেয়েছিলেন। জীব-রষায়নে এম. এস্. সি. পাশ ক'রে উনি সরকারী গবেষনাকেন্দ্রে যোগদান করেন। ১৯৬৯ সালে**যুক্তরাজ্যে**আসেন, এবং এবারডিনের 'ম্যাকলে ইন্স্টিটিউট্ ফর সয়েল্ রিসার্চ' এ গবেশনার কাজ করেন। লণ্ডন বিশ্ববিদ্যালয় থেকে এম্.ফিল্ ডিগ্রী লাভ করার পর কভেন্ট্রি ও শেফিল্ডে তিনি শিক্ষকতা করেন, ও ১৯৭৬ সাল থেকে স্থায়ীভাবে ডন্কাষ্টারে বসবাস কোরছেন। তিনি এখন স্কানথর্পের 'হাই রিজ' স্কুলের শিক্ষিকা। তিনি একটি কন্যা সন্তানের জননী।

Rashida Islam, co-editor of this book, was born in Pabna District in Bangladesh and brought up in Dhaka. From childhood she has been interested in literature and music. Her poems appeared in college publications and a scientific article won her a cash award. On passing her M.Sc in Biochemistry, she joined a government research laboratory. She came to the U.K. in 1969 and worked at the Macaulay Institute for Soil Research, Aberdeen. After an M.Phil from the University of London, she taught in Coventry and Sheffield. Settled in Doncaster since 1976, she now teaches at High Ridge School in Scunthorpe. She has one daughter.

সনিয়া ইসলাম ১৯৭১ সালে ঢাকায় জন্মগ্রহণ করে। সে থমাস্ রদারহাম কলেজের ছাত্রী ও 'ব্যাংকিং' পেশায় যোগদানের জন্য আশা কোরছে।

Sonia Islam was born in Dhaka in 1971. She is a student at Thomas Rotherham College and hopes to join the banking profession.

তাহ্মিনা ইসলাম ঢাকায় জন্মগ্রহণ করেন, চার বোন ও তিন ভায়ের মধ্যে উনি একজন ও পরিবারের মধ্যে একমাত্র তিনিই**যুক্তরাজ্যে** এসেছেন। ১৯৭৭ সাল থেকে উনি রদারহামে বাস কোরছেন কিন্তু মাত্র তিনবার বাংলাদেশে গিয়ে আত্মীয় পরিজনদের সাথে মিলিত হয়েছেন। তার চার বাচ্চা ও তিনি একজন গৃহিনী, আতিথেয়তা ও ভাল রান্নার জন্য উনি সুপরিচিত।

Tahmina Islam was born in Dhaka, one of four sisters and three brothers, and is the only one from her family to come to the U.K. She is settled in Rotherham since 1977 but has been able to return to visit Bangladesh and her family only three times. She has four children and is a housewife, known for her hospitality and her fine cooking.

অঞ্জুলিকা মণ্ডল ভারতে জন্মগ্রহণ করেন ও ১৯৬৭ সালে ওখান থেকে ডাক্তারী পাশ করেন। তিনি ১৯৭৬ সালে **যুক্তরাজ্যে** এসেছেন ও রদারহাম ডিস্‌ট্রিক্ট্‌ জেনারেল হাঁসপাতালে কাজ করেন। তিনি একটি পুত্র সন্তানের মাতা।

ডলি মণ্ডল কোলকাতায় জন্মগ্রহণ করেন। রদারহামের এক ডাক্তারের সাথে বিয়ে হ'য়ে ১৯৭২ সালে উনি সাউথ ইয়র্কশায়ারে আসেন। তার তিনটি সন্তান, এবং তিনি গান, ছবি আঁকা ও নাচের অনুরাগী।

মনি সিলেটে জন্মগ্রহণ করেন এবং তার বোন ও দুই ভাই এখনও সেখানে বাস কোরছে। ইমিগ্রেশনের বিলম্বের জন্য বিয়ের আড়াই বছর পর, ১৯৮৬ সালে তিনি শেফিল্ডে তার স্বামীর কাছে আসেন। উনি এখন ইংরাজী শিখছেন।

জ্যোতি প্রভা মুখার্জি ১৯৬৬ সালে কোলকাতায় জন্মগ্রহণ করেন। তিনি ডনকাষ্টার আর্ট কলেজে ও ওলভারহামটন্‌ পলিটেক্‌নিকে লেখাপড়া করেন, এবং তিনি মৃৎশিল্প ও কারিগরি শিল্প সক্রিয়তাতে বিশেষ ভাবে আগ্রহান্বিত। তিনি ডনকাষ্টারের লভারস্যাল হসপিটালে আর্ট থেরাপি ওয়ার্কশপ পরিচালনা করেন। ঘোড়ায় চড়া, কার্টুন আঁকা ইত্যাদি তার সখ। তার শিল্প ওলভারহামটন পলিটেক্‌নিক্‌ ও লণ্ডনের মাল গ্যালারিতে প্রদর্শিত হ'য়েছে।

Anjulika Mandal is from India where she qualified as a doctor in 1967. She came to the U.K. in 1976 and works at Rotherham District General Hospital. She has one son.

Dolly Mondal was born in Calcutta. Her marriage to a Rotherham doctor brought her to South Yorkshire in 1972. She has three children and is fond of music, drawing and dance.

Moni was born in Sylhet where her sister and two brothers still live. She came to Sheffield, after considerable immigration delays, to join her husband in 1986 after two-and-a-half years of marriage. She is learning English.

Jyoti Prabha Mukherjee, was born in Calcutta in 1966. She studied at Doncaster Art College and Wolverhampton Polytechnic, and is especially interested in ceramics and craft activities. She leads art therapy workshops at Loversall Hospital, Doncaster. Her hobbies include horseriding and drawing cartoons. Her work has been exhibited at Wolverhampton Polytechnic and the Mall Gallery in London.

মিঠু মুখার্জি ১৯৭১ সালে বিরভূম, ভারতে জন্মগ্রহণ করে ও ১৯৭৬ সালে রদারহামে আসে। অল্পদিন আগে সে এ লেভেল পাশ ক'রেছে। সে সেলাই, ব্যাডমিনটন্ এবং স্বেচ্ছাক্রিয় কাজে আগ্রহান্বিত।

রানী মূখার্জী ভারতের বীরভূম জেলা থেকে ১৯৭৬ সালে রদারহামে আসেন। তার দুই ছেলেমেয়ে। রান্না, সেলাই এবং ভ্রমণ করতে তিনি ভালবাসেন।

সারা মুখার্জি দক্ষিন ভারতের কেরালায় জন্মগ্রহণ করেন। বিহারে নার্সিং ট্রেনিং শেষ ক'রে, ১৯৫৯ সালে উচ্চ শিক্ষার জন্য তিনি**যুক্তরাজ্যে**আসেন। এখানে তিনি একজন বাঙ্গালী ডাক্তারকে বিয়ে করেন এবং তার চারজন ছেলে মেয়ে আছে। ডনকাষ্টারে তিনি অনেক রকম স্বেচ্ছাক্রিয় কাজে জড়িত ছিলেন এবং তিনি একজন ভাল রাধুনী। ১৯৮৮ সাল থেকে তিনি শহরের মালটিকালচারাল্ এডুকেশন্ সারভিসের কাজ কোরছেন।

কায়সার মুস্তাহাব বাংলাদেশের ময়মন সিং এ জন্মগ্রহণ করেন। ১৯৭৫ সালে তিনি**যুক্তরাজ্যে**আসেন। এখানে তার দুটি বাচ্চা জন্ম নেয়। তিনি বাংলার এম. এ, শেফিল্ডের মাউণ্ট **প্লেজেন্ট** সেণ্টারের অ্যাডাল্ট্ এডুকেশনের ভাষার শিক্ষিকা। তিনি সঙ্গীত পছন্দ করেন ও ছায়ানটের একজন সদস্যা।

Mithu Mukherjee was born in Birbhum, India, in 1971 and came to Rotherham in 1976. She has recently completed her A Levels. Her interests include sewing, badminton, drawing and voluntary work.

Rani Mukherjee is from Birbhum, India, and came to Rotherham in 1976. She has two children and enjoys sewing, cooking, gardening and travelling.

Sara Mukherjee hails from Kerala in South India. After nursing training in Bihar, she came to the U.K. in 1959 for further studies. Here she married a Bengali doctor and has four children. She has been involved in a variety of voluntary work experience in Doncaster and is a fine cook. Since 1988 she works for the town's Multicultural Education Service.

Kaiser Mustahab was born in Mymensingh, Bangladesh. In 1975 she came to the U.K. where her two children were born. An M.A. in Bengali, she teaches the language in adult education classes at Sheffield's Mount Pleasant Centre. She is interested in music and is a member of Chhayanot.

শামিম রহমান ভারতের আসামে জন্মগ্রহণ করেন, **যুক্তরাজ্যে** আসেন ১৯৭১ সালে। তার তিন পুত্র সন্তান, তিনি শেফিল্ড ইউনিভার্সিটির একজন জীব-রসায়নের পি এইচ ডি র ছাত্রী।

অনিমা তামূলী, বাঙ্গালী মহিলা সাহায্যকারী সংস্থার কোষাধ্যক্ষ, আসামে জন্মগ্রহণ করেন এবং ১৯৬৫ সালে **যুক্তরাজ্যে** আসেন। তিনি শেফিল্ড এসোসিএশন ফর দি ভলানটারী টিচিং অফ ইংলিশ' এ কাজ করেন। তিনি সারগম ইণ্ডিয়ান কালচারাল্ সোসাইটির, শেফিল্ড এণ্ড ডিস্ট্রিক্ট্ হিন্দু সমাজ এবং শেফিল্ড কাউন্সিল ফর রেসিয়াল্ ইকুয়ালিটির একজন সদস্য। তার সূচ-সূতার কাজ, উল বোনা ও কারিগরি শিল্প প্রভৃতির উপর ঝোঁক আছে।

রুমা তামূলী ১৯৭১ সালে শেফিল্ডে জন্মগ্রহণ করে। অ্যাশ্টন কমপ্রিহেনসিভ থেকে পাশ করার পর সে ভূগোলে ডিগ্রী নেবার জন্য আশা কোরছে। পড়াশোনা, সাঁতার কাটা ও টেনিস খেলা তার প্রিয়।

রেখা তরফদার ১৯৬৮ সালে সিলেটে জন্মগ্রহণ করেন ও ১৯৮৩ সালে **যুক্তরাজ্যে** এসেছেন। তিনি বিবাহিত ও এক কন্যার জননী। তিনি নারী শিক্ষা ট্রেনিং প্রজেক্টের একজন শিক্ষাধীন মহিলা এবং গানের ভক্ত। তার পরিবারের সবাই ইংল্যাণ্ডের স্থায়ী বাসিন্দা।

Shamim Rahman was born in Assam, India, and came to the U.K. in 1971. She has three sons and is a Ph.D student in Biochemistry at the University of Sheffield.

Anima Tamuli, Treasurer of Bengali Women's Support Group, was born in Assam and came to the U.K. in 1965. She works for the Sheffield Association for the Voluntary Teaching of English. She is active in Sargam Indian Cultural Society, Sheffield & District Hindu Samaj and Sheffield Council for Racial Equality. She is interested in needlework, knitting and other crafts.

Ruma Tamuli was born in Sheffield in 1971. After studying at Aston Comprehensive, she hopes to study for a Geography degree. Her interests are reading, swimming and tennis.

Rekha Tarafdar was born in Sylhet in 1968 and came to the U.K. in 1983. She is married and has one daughter. She is a trainee with the Naree Shikkha Training Project and is fond of singing. All her family are settled in England.

বাঙ্গালী মহিলা সাহায্যকারী সংস্থা
Bengali Women's Support Group

(কাঁটার রেখা পুরস্কার প্রাপ্ত বইটির প্রকাশক)

(Winner of the first Raymond Williams Community Publishing Prize)

বাঙ্গালী মহিলা সাহায্যকারী সংস্হার আগামী প্রকাশনা :--

'অম্ল মধুর' বইটি ১৯৯২ সনে প্রকাশিত হতে যাচ্ছে

যোগাযোগ করুন :--
বই এর জন্য -- দেবযানী চ্যাটার্জী , বা . ম . সা . সংস্হা বই বিভাগ
c/o ১০৮ দি মুর শেফিল্ড এস ১ ৪ পিডি

শুভেচ্ছা কার্ড এর জন্য --

রাফিয়া মেহমুদ , বা . ম . সা . সংস্হা কার্ড বিভাগ
২০ মোর ল্যান্ড ড্রাইভ , শেফিল্ড এস ১৪ ১ এস ওয়াই

Forthcoming publication from
Bengali Women's Support Group

"SWEET & SOUR" to be published in 1992
Enquiries to Debjani Chatterjee,
BWSG Book Project, c/o 108 The Moor,
Sheffield S1 4PD

For greeting cards by BWSG contact
Rafia Mehmood, BWSG Card Project,
20 Morland Drive, Gleadless,
Sheffield S14 1SY.